权威解读

中华人民共和国
公共文化服务保障法
学习问答

主　编：柳斌杰（全国人大教科文卫委员会主任委员）
雒树刚（文化部部长）
袁曙宏（国务院法制办副主任）
副主编：许安标（全国人大常委会法制工作委员会副主任）
杨志今（文化部副部长）
阎晓宏（国家新闻出版广电总局副局长）

中国法制出版社
CHINA LEGAL PUBLISHING HOUSE

撰稿人：李国新　杨永恒　冯守仁　贾旭东　巫志南

吕　芳　金武刚

目　录

导　读

第一章　总　则

第二章　公共文化设施建设与管理

第三章　公共文化服务提供

第四章　保障措施

第五章 法律责任

第六章　附　　则

附　录

一、法律原文

导　读

1. 制定公共文化服务保障法的重要意义主要体现在哪些方面？

《中华人民共和国公共文化服务保障法》（以下简称公共文化服务保障法）是我国文化领域第一部具有综合性、全局性、基础性的法律，具有“四梁八柱”的性质；是我国公共文化服务领域的基本法，具有“压舱石”的作用。法律的出台，标志着中国特色社会主义法律体系的进一步完善，标志着我国现代公共文化服务体系建设开始走上了法制化轨道，是全面依法治国战略在文化领域的贯彻落实，是我国文化法治建设的历史性突破。

公共文化服务保障法促进以宪法为核心的中国特色社会主义法律体系走向完善。我国宪法规定，国家发展为人民服务、为社会主义服务的文学艺术事业、新闻广播电视事业、出版发行事业、图书馆博物馆文化馆和其他文化事业，开展群众性的文化活动。宪法确立了各项文化事业在中国特色社会主义事业中的重要地位，实际上也明确了各级政府发展文化事业的重要职责。公共文化服务保障法以强化政府责任为核心明确现代公共文化服务体系建设的基本制度、重要任务，使宪法确立的发展社会主义文化事业的原则和任务通过法律得以贯彻落实，是依法治国方略在公共文化领域的具体实践。

公共文化服务保障法昭示了我国公共文化服务坚持社会主义先进文化前进方向的根本宗旨。法律明确了我国公共文化服务坚持以人民为中心，坚持以社会主义核心价值观为引领，坚持优秀传统文化的创造性转化和创新性发展，坚持以提高全民族文明素质为目标，遵循“百花齐放、百家争鸣”的方针，促进全体人民文化创造活力喷涌迸发，优秀文化产品和服务丰富多彩，公共文化服务“以文化人”的本质功能充分彰显，集中而鲜明地体现了当代中国公共文化服务的社会主义先进文化前进方向。

公共文化服务保障法为全面推进现代公共文化服务体系建设提供了根本遵循。法律在梳理、总结、提炼10多年来我国公共文化服务理论研究、实践创造和制度建设成果的基础上，将党中央关于加强公共文化服务体系建设的方针政策转化为国家意志体现在法律中，将人民群众在公共文化服务体系建设实践中的创新创造升华为普遍规范体现在法律中，回应了人民群众对公共文化服务的普遍关切，构建了新时期公共文化服务的基本准则，是全面依法治国背景下推进我国现代公共文化服务体系建设的根本遵循。

公共文化服务保障法为实现人民群众基本文化权益、满足人民群众基本文化需求提供了根本保障。法律明确了公共文化服务政府主导的本质属性，厘清了公共文化服务的功能和任务，构筑起了我国公共文化服务法律制度体系的基本框架，展现了与全面建成小康社会发展水平相适应的基本公共文化服务的内容和范围，为推进基本公共文化服务标准化均等化、实现公共文化服务的普遍均等惠及全民提供了坚实的法律保障。

公共文化服务保障法为建设法治型、服务型政府提供了法律准绳。向全体公民提供基本公共服务，是现代政府的基本职责，公共文化服务就是基本公共服务的内容之一。公共文化服务保障法以强化各级政府对公共文化服务的保障职责为核心内容，既体现了现代政府服务理念和现代公共文化服务理念，也为今后各级政府按照科学划分事权支出责任有效保障公共文化服务提供了法律准绳。公共文化服务保障法是我国朝着文化治理体系和治理能力现代化迈出的重要一步。

公共文化服务保障法为增强公共文化服务发展动力提供了法律依据。在政府主导的前提下促进公共文化服务社会化发展，形成政府、市场、社会共同参与的格局，是现代公共文化服务体系建设的重要目标。公共文化服务保障法将国家鼓励和支持社会力量全面参与公共文化服务上升为法定原则，从制度建立、政策优惠、参与渠道等多方面为社会力量参与公共文化服务建立了法律保障，必将进一步激发各类社会主体参与公共文化服务的积极性，有效增强公共文化服务的生机和活力。

2. 近年来党中央国务院对公共文化立法有哪些重要部署?

党中央国务院对我国公共文化服务法治建设高度重视。2011 年党的十七届六中全会通过的《中共中央关于深化文化体制改革 推动社会主义文化大发展大繁荣若干重大问题的决定》就提出，加快文化立法，制定和完善公共文化服务保障、文化产业振兴、文化市场管理等方面的法律法规，提高文化建设法制化水平。2012 年，党的十八大对扎实推进社会主义文化强国建设作出全面部署，提出了完善公共文化服务体系、提高服务效能的新要求。2013 年，党的十八届三中全会作出构建现代公共文化服务体系的战略部署。2014 年，党的十八届四中全会通过《中共中央关于全面推进依法治国若干重大问题的决定》，文化领域被列入重点立法领域，明确要求建立健全坚持社会主义先进文化前进方向、遵循文化发展规律、有利于激发文化创造活力、保障人民基本文化权益的文化法律制度。制定公共文化服务保障法、促进基本公共文化服务标准化、均等化。2015 年年初，中办国办印发《关于加快构建现代公共文化服务体系的意见》，在部署加大公共文化服务保障力度的任务时，提出了建立健全公共文化服务法律体系的要求。

3. 建立健全公共文化服务法律体系的主要要求是什么？

2015 年年初，中办国办印发《关于加快构建现代公共文化服务体系的意见》，要求建立健全公共文化服务法律体系。公共文化服务法律体系建设主要包括三方面的内容。

首先，加快出台公共文化服务保障法等相关法律法规。公共文化服务保障法是公共文化服务的“基本法”，在公共文化服务法律体系中起统领作用。

其次，借鉴国际经验、结合中国实际，还需要制定一系列公共文化服务方面的专门法律法规，如我国正在制定过程中的公共图书馆法、《全民阅读条例》，已经出台的《公共文化体育设施条例》《博物馆条例》等。目标是形成覆盖公共文化服务主要方面、主要机构的体系化的法律法规，为现代公共文化服务体系建设提供法律支撑。

第三，加快制定地方性公共文化服务法律法规。我国幅员辽阔，各地经济社会发展水平不均衡，公共文化服务具有受众面广、地域特色鲜明的特点，公共文化服务的法律法规、方针政策更需要贯彻实事求是、因地制宜、分类指导的原则。地方性立法，是公共文化服务法律体系建设的重要内容。总体上看，目前我国公共文化服务的地方性法律法规建设还比较薄弱。2011 年，广东省人大常委会通过了《广东省公共文化服务促进条例》，2012 年，上海市人大常委会通过了《上海市社区公共文化服务规定》，2015 年，江苏省人大常委会通过了《江苏省公共文化服务促进条例》。此外，北京、上海、湖北、四川等十多个省份出台了地方性的公共图书馆条例或政府规章。2015 年 3 月，十二届全国人大第三次会议表决通过了修改立法法的决定，规定全国设区的市人民代表大会及其常务委员会根据本市的具体情况和实际需要，在不同宪法、法律、行政法规和本省、自治区的地方性法规相抵触的前提下，可以对城乡建设与管理、环境保护、历史文化保护等方面的事项制定地方性法规，法律对设区的市制定地方性法规的事项另有规定的，从其规定。即地方立法权扩充至所有设区的市。地方立法权的扩充，为加强地方性公共文化服务法治建设提供了条件和保障。

4. 公共文化服务保障法的立法基础如何？

我国在新时期公共文化服务体系建设进程中，有关公共文化服务法治建设的研究和实践一直在持续推进，制定国家层面的公共文化服务保障法已经具有了较为坚实的基础，主要表现在研究基础、政策基础和地方立法实践基础三个方面。

学术界对我国公共文化服务立法的研究持续不断。2011 年，党的十七届六中全会做出加快文化立法、提高文化建设法制化水平的部署后，学术界有关公共文化法律政策的研究持续升温。到目前，在各类报刊杂志上公开发表的与公共文化立法有关的研究论文大约有五六百篇，北京大学、中国社会科学院等还出现了专门研究公共文化立法的博士学位论文。

国家社会科学基金重大项目、委托项目都有专门针对公共文化立法的研究课题。文化部在全国设立的公共文化研究基地，也在从不同角度对公共文化法治建设展开研究。通过持续不断的研究，已经对国内有关公共文化服务的政策规范做了较为系统的梳理总结，对国外主要国家有关公共文化服务方面的法律制度建设情况做了较多的介绍，对我国公共文化服务保障立法的框架结构、基本制度、主要内容、重点任务等问题做了较为全面的研究。这些研究成果为我国公共文化服务保障法的制定提供了思想、理论和学术支撑。

近十多年来，党和政府出台了一系列有关公共文化服务的政策性文件，涉及了公共文化服务诸多方面的重大问题，为公共文化服务保障法的制定奠定了坚实的政策基础。2007年，中办国办出台的《关于加强公共文化服务体系建设的若干意见》，提出了我国公共文化服务体系建设的指导思想、目标任务、重大工程、保障措施，构筑了以结构合理、发展均衡、网络健全、运行有效、惠及全民为原则，以政府为主导、以公益性文化事业单位为骨干、鼓励全社会参与，努力建设以公共文化产品生产供给、设施网络、资金人才技术保障、组织支撑和运行评估为基本框架的公共文化服务体系。2011 年，文化部、财政部出台了《关于推进全国美术馆、公共图书馆、文化馆（站）免费开放工作的意见》，实施了公共文化服务机构的免费开放制度。2015 年，中办国办出台《关于加快构建现代公共文化服务体系的意见》，提出了到 2020 年基本建成覆盖城乡、高效便捷、保基本、促公平的现代公共文化服务体系的目标任务，就推进公共文化服务均衡发展、加强公共文化产品和服务供给、促进公共文化服务社会化发展、推进公共文化服务与科技融合发展、创新公共文化管理体制和运行机制、加大公共文化服务保障力度等重要问题设计和部署了一系列重要的政策措施。此外，近年来文化部等部门还就公共文化服务中的一些热点问题、重点工作出台过相应的指导性政策文件，如关于村级文化建设、基层综合性文化服务中心建设、文化馆图书馆总分馆制建设、促进广场舞健康发展等。总体上看，近十多年来，我国公共文化服务体系建设多方面的政策措施陆续出台，公共文化服务保障法建立的基本制度已经有了良好的政策基础。

地方公共文化服务立法为制定国家层面的公共文化服务保障法奠定了实践基础。我国的公共文化服务立法具有“地方先行”的特点。2011 年 9 月，国内第一个省级公共文化服务地方立法成果——《广东省公共文化服务促进条例》问世。该条例共六章四十六条，包括总则、公共文化服务提供、基层公共文化设施建设、激励与保障等内容，构筑了我国地方性公共文化服务法律的基本架构。2012 年 11 月，上海市人大常委会通过了《上海市社区公共文化服务规定》，该项法规聚焦上海基层社区公共文化服务，除有关设施建设和管理运营、服务提供、保障措施等一般性规定外，还有一些总结提炼上海社区公共文化服务经验、具有借鉴和启迪价值的规定，如市文化行政部门制定社区公共文化服务规范和标准；鼓励社区文化活动中心实行社会化、专业化运作，街道办事处和乡、镇人民政府按照公平、公正的程序，择优确定社区文化活动中心的运行单位；社区文化活动中心实现光纤接入和无线局域网覆盖，方便公众上网等。2015 年 12 月，江苏省人大常委会通过了《江苏省公共文化服务促进条例》，该条例落实十八届三中全会精神，体现了构建现代公共文化服务体系的鲜明特点。如设专章对社会力量参与公共文化服务作出规定，突出了现代公共文化服务社会化发展的特点；此外，规定省人民政府制定省基本公共文化服务保障标准，设区的市、县（市、区）人民政府制定不低于省基本公共文化服务水平的保障标准；县级以上地方人民政府牵头建立公共文化服务体系建设协调机制；地方各级人民政府制定并定期公布基本公共文化服务计划和服务目录；新建、改建、扩建居民住宅区，按照国家和省有关规定，规划和建设配套的公共文化设施；地方各级人民政府建立公众参与的公共文化设施使用效能考核评价制度等。近年来，地方性公共文化服务法治建设进一步向地市延伸，如 2015 年苏州市人民政府颁布了《苏州市公共文化服务办法》。地方性公共文化法律法规建设为国家层面的公共文化服务保障法制定起到了探索路径、积累经验的作用。

5. 制定公共文化服务保障法经历了怎样的过程？

党中央、国务院高度重视公共文化服务保障法的制定，全国人大有关部门大力制推进立法工作，国务院主管部门和其他相关部门积极配合，专家学者和全国公共文化服务机构、从业人员积极参与，立法工作从正式启动到法律草案最终表决通过，只用了不足三年时间，创造了新中国国家立法的高效率和快速度。

回顾公共文化服务保障法的制定历程，大致经历了三个阶段。

第一阶段，法律草案稿起草阶段。根据党的十七届六中全会、十八届四中全会的明确要求，十二届全国人大常委会将制定公共文化服务保障法列入立法规划的一类项目，即条件比较成熟、任期内拟提请审议的法律草案，并明确以全国人大教科文卫委员会作为法律草案的牵头起草单位。2014 年 4 月，全国人大教科文卫委员会牵头成立了由中宣部、文化部、新闻出版广电总局、国家发改委、财政部、国务院法制办公室等有关部门负责同志组成的领导小组，同时成立了工作小组和专家咨询组，制定立法工作方案，立法工作正式启动。此后，起草工作机构先后赴陕西、广东、云南、四川、新疆等地开展调研，召开了 10 多次座谈会、研讨会，广泛听取有关部门和专家学者的意见建议，组织有关部门和专家学者认真研究讨论，借鉴地方立法和国外有益经验，于 2014 年年底形成了法律草案稿。

第二阶段，法律草案稿广泛征求意见、修改完善阶段。法律草案稿起草工作完成后，在全国人大教科文卫委员会的主持下，多次听取中央有关部门、地方人大和政府的意见，并根据各方面意见对法律草案进行了反复修改。2015 年 3

月，全国人大教科文卫委员会召开第22次全体会议，对法律草案稿进行了深入研究讨论。2015年5—6月，法律草案稿向社会公开征求意见，各方反响积极，普遍认为法律草案稿已经比较成熟。2015年11月，全国人大教科文卫委员会专门听取了中央相关部门主要负责同志的意见。2015年12月2日，教科文卫委员会召开第三十次全体会议，审议通过了法律草案，决定提请全国人大常委会审议。

第三阶段，全国人大常委会审议阶段。2016年2月，十二届全国人大常委会第二十一次专题讲座安排了有关构建现代公共文化服务体系的内容，为常委会审议法律草案做准备。2016年4月25日，十二届全国人大第二十次会议首次审议公共文化服务保障法草案，柳斌杰主任委员作法律草案说明。2016年10月31日，十二届全国人大常委会第二十四次会议听取了全国人大法律委员会关于公共文化服务保障法草案修改情况的汇报，并于次日下午对法律草案进行了第二次审议。2016年12月19日至25日召开的十二届全国人大常委会第二十五次会议，听取了全国人大法律委员会关于公共文化服务保障法草案审议结果的报告，并对法律草案进行第三次审议。2016年12月25日，公共文化服务保障法经常委会全体会议表决通过，决定自2017年3月1日起施行。

6. 制定公共文化服务保障法秉持什么样的总体思路?

制定公共文化服务保障法主要秉持以下总体思路。

一是贯彻党中央有关决策部署，将党中央关于加强公共文化服务体系建设的大政方针转化为国家意志体现在法律中。党的十六大、十七大、十八大对加强公共文化服务体系建设作出过一系列战略部署，特别是党的十八届三中全会以来，在继承过去十多年公共文化服务体系建设成功经验的基础上，提出以创新、协调、绿色、开放、共享的发展新理念指导现代公共文化服务体系建设，形成了我国现代公共文化服务体系建设的指导思想、基本原则，确立了现代公共文化服务体系建设标准化、均等化、数字化、社会化和体制机制改革的发展方向。制定公共文化服务保障法，就是把党中央的大政方针用法律条文固定下来，把党的执政理念转化为国家意志。

二是坚持以人为本，推动基本公共文化服务标准化、均等化发展。公共文化服务以保障公民基本文化权益、满足公民基本文化需求为目标，以全体人民为服务对象，普遍均等、惠及全民是公共文化服务的本质要求。党的十八届三中全会确立了以公共文化服务的标准化促进均等化的发展路径，制定公共文化服务保障法，要充分体现这一思路，促进公共文化服务标准化建设，提升公共文化服务均等化水平，更好地满足人民群众的精神文化需求。

三是坚持政府主导，明确政府在公共文化服务组织、管理、提供、保障等工作中的主体职责。公共文化服务主要属于基本公共服务。提供基本公共服务是政府的重要职责。把政府主导公共文化服务落到实处，就需要把政府在公共文化服务组织、管理、提供、保障等方面的职责上升为法律责任，以法律的权威和力量来规范各级政府的行为，落实政府的保障责任。

四是鼓励社会力量广泛参与，坚持共建共享。推动公共文化服务社会化发展，增强公共文化服务发展动力，是现代公共文化服务体系建设的重要内容。在明确公共文化服务政府主导责任的同时，法律也必须在鼓励社会力量广泛参与、促进社会化发展方面形成规范，取得突破，为形成政府、市场、社会共同参与公共文化服务体系建设的格局提供法律保证。

五是确立公共文化服务的基本原则和保障制度，促进和规范公共文化事业发展。法律的重要任务是确立发展原则和建立基本制度。制定公共文化服务保障法，要在梳理总结实践经验的基础上，明确公共文化服务的发展原则，构筑公共文化服务的制度规范体系，特别是要确立具有“四梁八柱”性质的基本制度，从而保障公共文化服务体系建设在法制的轨道上稳步发展。

六是把现有行政法规、地方性法规中的有益经验提炼出来上升为法律。现有行政法规和地方性法规中蕴含着许多来自基层的创新和经验，制定公共文化服务保障法要很好地提炼、总结、升华这些创新做法和有益经验，上升为法律规范，让法律规定“接地气”，增强法律的实践基础，提高法律的针对性和适用性。

7. 公共文化服务保障法有哪些主要特点?

公共文化服务保障法共六章六十五条。第一章为总则，主要规定立法宗旨、法律的调整范围、公共文化服务的发展原则、管理体制等宏观性问题；第二章为公共文化设施建设与管理，主要规定公共文化设施的范围，政府建设公共文化设施的责任，公共文化设施管理单位的管理责任；第三章为公共文化服务提供，主要规定政府提供公共文化服务的责任，公共文化服务设施免费或优惠开放制度，公共数字文化发展，公共文化服务的资源整合、共建共享，社会力量参与公共文化提供，加强农村基层和特殊群体公共文化服务等问题；第四章为保障措施，主要规定各级人民政府对公共文化服务资金、人才的保障责任和监管、评价责任，政府引导和鼓励社会力量参与公共文化服务的保障措施；第五章为法律责任，主要规定地方政府和政府有关部门、公共文化设施管理单位违反公共文化服务保障法有关规定的处罚措施；第六章为附则，规定了境外自然人、法人和其他组织在中国境内从事公共文化服务，应符合法律、行政法规的规定，以及法律的施行日期。

总体上看，公共文化服务保障法有如下主要特点：

构筑起了我国公共文化服务基本法律制度体系的框架。法律建立的主要制度包括：基本公共文化服务标准制度、公共文化服务设施免费或优惠开放制度、公共文化设施保护制度、文化志愿服务制度、公共文化设施选址征求公众意见制度、公共文化服务统筹协调制度、公众参与的公共文化服务设施使用效能考核评价制度、公众参与的公共文化服务考核评价制度、反映公众需求的公共文化服务征询反馈制度、公共文化资金使用监督和统计公告制度、政府购买公共文化服务目录制度、公共文化服务公示制度、公共文化机构管理制度和服务规范、公共文化机构资产统计报告制度、公共文化机构开展服务情况的年报制度、公共文化机构安全管理制度等。这些制度有的是将经过长期实践发展成熟的政策上升为法律制度，有的是对现行政策规章的完善，有的是源于我国公共文化服务的创新实践，也有对国际经验的借鉴吸收。其中一项重要的基本制度为基本公共文化服务标准制度。法律规定，国务院制定并调整国家基本公共文化服务指导标准；省、自治区、直辖市人民政府应根据国家基本公共文化服务指导标准，结合当地实际需求、财政能力和文化特色，制定并调整本行政区域的基本公共文化服务实施标准。与上述标准相衔接，法律还规定地（市）、县（市）人民政府根据国家基本公共文化服务指导标准和省级人民政府的实施标准，结合当地实际，制定公布本行政区域公共文化服务目录，并组织实施。国家指导标准、地方实施标准和目录制度，共同构成了我国既有基本共性又有特色个性、上下衔接的公共文化服务标准指标体系，党的十八届三中全会提出的以公共文化服务的标准化促进均等化的战略构想，通过基本公共文化服务标准体系的制度构建实现了法律化。综观当今世界，政府以公布标准、目录的形式向老百姓公开承诺普遍均等的公共文化服务的内容、种类、数量和水平，为中国所独有，充分体现了我国由政府主导的公共文化服务以人民为中心的坚定信念和鲜明特色。

对公共文化服务、公共文化设施等基本概念做出了明确的法律界定，由此厘清了一些重要的理论和实践问题。法律规定，公共文化服务是指由政府主导、社会力量参与，以满足公民基本文化需求为主要目的而提供的公共文化设施、文化产品、文化活动以及其他相关服务。这一界定明确了公共文化服务的三大要素：一是公共文化服务的责任主体是政府，社会力量是参与者；二是公共文化服务的目的，是为了满足公民的基本文化需求；三是公共文化服务的内容，是向全体公民提供公共文化设施、文化产品、文化活动及其他相关服务。公共文化服务保障法对公共文化设施的界定也有突破。主要的体现是打破了设施的行政隶属界限，着重从设施功能的角度来加以界定，体现“大文化”的理念。比如，把并不属于文化行政部门管理的科技馆、体育场馆、工人文化宫、青少年宫、妇女儿童活动中心、老年人活动中心等明确纳入了公共文化设施范畴。据统计，全国工会、共青团、妇联、科协等部门拥有可以提供公共文化服务的各类设施 6800 多所，比全国县以上公共图书馆和文化馆的总和还多，但长期以来这些设施游离于公共文化服务设施体系之外，实际上是很大的资源闲置浪费。把这些设施纳入公共文化服务，可以带来我国公共文化设施数量倍增的效果，是盘活存量资源、提高综合效能的有力举措。

高度重视农村、基层公共文化设施建设。针对一些长期困扰农村、基层的设施建设问题，将一些行之有效的政策规定和实践中的成功经验上升为法律。比如，明确了新建、改建、扩建居民住宅区要按照有关规定建设配套的公共文化服务设施，这一重要突破将居民住宅小区建设配套的公共文化服务设施法律化。再如，规定公共文化设施的选址应当征求公众意见，这是针对近年来国内一些新建公共文化服务设施远离居民住宅区、远离人群聚集区，或是性质功能相同的设施在相同的服务半径内集中建设，最终造成使用效率不高、设施闲置浪费，或是设施重复建设的现象而作出的规定，目的是通过增加老百姓在设施选址上的话语权，制约设施选址的功利性和随意性。又如，规定城乡建设需要拆除公共文化服务设施的，实行先建设后拆除、至少是边建设边拆除的原则；重建、改建的公共文化设施的设施配置标准、建筑面积不得降低。这些原则在国务院颁布的《公共文化体育设施条例》以及许多建设标准和政策性文件中都有，将这些政策规定上升为法律规范，提高了规制层次和规制力，在我国城镇化建设快速推进、城乡建设日新月异的背景下，无疑针对性强、适时管用。

高度重视公共文化服务的数字化、网络化建设。充分发挥科技在公共文化服务中的作用，推动运用现代信息技术和传播技术提高公共文化服务水平，作为公共文化服务发展的基本原则写入了总则。怎样形成公共文化的设施网络？法律明确规定场馆服务、流动服务和数字服务相结合，突破了设施建设就是“盖房子”的传统观念。对公共数字文化建设，法律明确规定了国家和地方政府的责任：国家统筹规划公共数字文化建设，构建标准统一、互联互通的公共数字文化服务网络；国家建设公共文化信息资源库，支持开发数字文化产品，并推动“三网融合”提供利用；地方人民政府加强基层公共文化设施的数字化和网络化建设，提高公共文化机构的数字化和网络化服务能力。顺应时代发展和技术进步，把依托互联网络的公共数字文化服务作为完善服务体系、丰富服务内容、提升服务效能的重要方式体现在法律规定中，具有鲜明的时代特色。

丰富公共文化服务供给，提高公共文化服务效能，是法律关注的另一重要方面。建立基本公共文化服务标准、公共文化服务免费或优惠提供等基本制度，为丰富公共文化服务供给奠定了制度基础。同时，法律还对公共文化资源整合、设施互联互通、数字化和网络化建设、特殊人群服务、优秀文化产品在少数民族地区传播、文化志愿服务、机关企事业单位文化体育设施向社会开放、社会力量参与公共文化服务等提出了明确要求，全方位发力，多举措推进，为丰富公共文化服务供给提供了法律保障。针对目前我国公共文化服务城乡差距突出、农村基础薄弱欠账较多的现状，法律对丰富农村公共文化服务供给给予了特别关注，规定国家应重点增加农村公共文化服务产品供给，并对基层综合性文化服务中心的功能任务作出专门规定。服务效能不高，是目前我国公共文化服务的突出短板。针对一些地方存在的“重设施建设，轻管理利用”的现象，法律把完善服务体系、提高服务效能作为政府的保障责任写入总则，同时建立了公众参与的公共文化服务设施使用效能考核评价制度、公共文化机构开展服务情况的年报制度、公共文化资金使用监督和公告制度，通过法律手段、制度约束，促进公共文化服务机构提升服务效能。

8. 为什么说公共文化服务保障法是我国立法机制改革完善的重要成果？

长期以来，我国许多法律的立法工作程序是由国务院行政主管部门组织起草法律草案，报送国务院审查后，再提交全国人大常委会审议。党的十八届四中全会通过的《中共中央关于全面推进依法治国若干重大问题的决定》提出了完善立法体制机制的任务，要求建立由全国人大相关专门委员会、全国人大常委会法制工作委员会组织有关部门参与起草综合性、全局性、基础性等重要法律草案制度；依法建立健全专门委员会、工作委员会立法专家顾问制度，这是立法工作机制的重要改革和创新。

公共文化服务保障法就是按照党的十八届四中全会的要求，按立法新机制组织起草的具有综合性、全局性、基础性的重要法律。法律草案由全国人大教科文卫委员会组织相关部门起草，并主持立法调研、法律草案的征求意见和修改，由教科文卫委员会全体会议决定提请全国人大常委会审议。

立法过程体现了人大及其常委会对立法工作的主导作用，强化了部门之间的协调，提高了立法工作的效率。所以说公共文化服务保障法是我国立法机制改革完善的重要成果。

9. 国际范围内有关公共文化的立法情况如何？

纵观世界各国文化法治现状，欧美发达国家普遍制定了规范公共文化服务专门机构的法律，如《图书馆法》《博物馆法》等，以及与公共文化服务密切相关的《著作权法》等知识产权法。在文化综合性法律方面，目前大致有两种情况。一是制定促进文化建设和发展的基本法，包括但不限于我们所说的公共文化。如俄罗斯的《俄罗斯联邦文化基本法》、加拿大的《加拿大多元文化主义法案》、乌克兰的《乌克兰文化法》、韩国的《文化基本法》等。二是与西方的政治体制、管理体制相适应，制定文化发展基金会法律法规，政府通过基金会间接发挥调控作用，典型的如美国《国家艺术及人文基金会法》。

目前国外主要国家与公共文化相关的法律法规主要有：美国《国家艺术及人文基金会法》（1965 年）、《加拿大多元文化主义法案》（1988 年）、《俄罗斯联邦文化基本法》（1992 年）、瑞士《文化促进联邦法》（2009 年）、《乌克兰文化法》（2010 年）、南非《文化促进法》（1983 年）、日本《社会教育法》（1949 年）和《文化艺术振兴法》（2001 年）、韩国《文化基本法》（2013 年）和《文化艺术振兴法》（1972 年）

等。这些法律涉及的内容，大致说来主要包括：界定公民文化权利的内涵，如文化创造权、文化参与权、文化表现权、文化成果保护权等；界定文化创造、生产、服务和活动的类型与范围；规定中央和地方政府的文化责任以及管理权限；文化从业人员的权益保障；文化服务机构的基本职责；体现国家意志的国际文化交流；文化基金会制度的建立及运作等。

第一章 总 则

10. 公共文化服务保障法的立法宗旨是什么?

公共文化服务保障法开宗明义，首先从七个方面阐述了立法宗旨。

第一，为了进一步加强公共文化服务体系建设。我国的公共文化服务体系建设已经走过了几十年发展的历程。2005年，党的十六届五中全会提出建设公共文化服务体系的构想，要求逐步形成覆盖全社会的比较完备的公共文化服务体系。2006年9月，《国家“十一五”时期文化改革发展规划纲要》出台，提出要切实把政府职能由办文化转到社会管理和公共文化服务上来，完善公共文化服务体系，形成实用、便捷、高效的公共文化服务网络。2007年6月，中央政治局会议专题研究公共文化服务体系建设，要求按照结构合理、发展平衡、网络健全、运行有效、惠及全民的原则，以政府为主导，以公益性文化单位为骨干，鼓励全社会积极参与，努力建设公共文化产品生产供给、设施网络、资金人才技术保障、组织支撑和运行评估为基本框架的覆盖全社会的公共文化服务体系。2007 年 8 月，中办国办下发《关于加强公共文化服务体系建设的若干意见》。2007 年 10 月，党的十七大报告将“覆盖全社会的公共文化服务体系基本建立”纳入实现全面建设小康社会奋斗目标的新要求。2010 年，党的十七届五中全会又将其纳入“十二五”时期我国文化建设的战略任务。2011 年 3 月，在国家发布的《国民经济和社会发展第十二个五年规划纲要》中，公共文化服务被明确纳入政府提供的基本公共服务范畴。2011 年 10 月，党的十七届六中全会通过的《中共中央关于深化文化体制改革 推动社会主义文化大发展大繁荣若干重大问题的决定》，确立了公共文化服务体系建设是社会主义文化建设的重要任务，明确了公共文化服务体系的建设方式、建设内容、建设目标和重点任务，标志着我国新时期公共文化服务体系建设的思想、理论基本形成。2012 年，党的十八大报告对推进社会主义文化强国建设做出全面部署，提出了完善公共文化服务体系、提高服务效能的新要求。2013 年，党的十八届三中全会站在历史发展的新起点，在全面深化改革的背景下，提出了推进文化体制机制创新、构建现代公共文化服务体系的时代任务。2015 年年初，中办国办印发《关于加快构建现代公共文化服务体系的意见》，全面落实党的十八届三中全会精神，部署了新时期公共文化服务着力推进标准化、均等化、数字化、社会化和体制机制改革的重点任务，提出了到 2020 年，基本建成覆盖城乡、便捷高效、保基本、促公平的现代公共文化服务的发展目标。进入“十三五”，在创新、协调、绿色、开放、共享发展新理念的指引下，我国现代公共文化服务体系建设呈现整体推进、重点突破、全面提升的良好发展态势，步入持续、快速、深入发展的新阶段。在党和政府的高度重视下，我国公共文化服务体系建设取得了举世瞩目的历史性成就。2015年与2005年相比，全国公共图书馆、文化馆（站）、博物馆总数由45938个增加到51280个，增长11.63%；全国文化事业费由133.82亿元增加到682.97亿元，增长4.1倍；全国人均文化事业费由10.23元增加到49.68元，增长3.9倍。2015年全国人均拥有公共图书馆藏书0.61册，比2005年增长65%，人均公共图书馆购书费1.43元，比2005年增长2.1倍，全国公共图书馆服务总人次5.89亿，比2005年增长1.5倍；2015年全国文化馆（站）服务总人次5.4亿；组织各类文艺活动96万次，比2005年增长1.5倍，各类文化艺术培训受益人次3871万，比2005年增长4.8倍；2015年全国博物馆参观总人次达到7.8亿人次，比2005年增长3.4倍。改革开放三十多年特别是近十多年来，我国的公共文化服务体系建设取得了显著成绩，创造了许多“中国经验”。公共文化服务保障法为促进我国公共文化服务体系建设进一步持续健康发展提供了法律保障。

第二，为了进一步丰富人民群众精神文化生活。全面建成小康社会，既要让人民群众过上殷实富足的物质生活，也要让人民群众享有健康丰富的精神文化生活。加强公共文化服务体系建设，是满足人民群众基本文化需求的主要途径。随着物质生活水平的提高，人民群众精神文化需求越来越迫切。按照发展经济学的观点，人均 GDP 在 3000 美元以下时，人们以维持生计的物质消费为主；人均 GDP 达到 3000 美元左右时，进入物质消费和精神消费并重时期；人均 GDP 达到 5000 美元时，进入文化消费活跃、迅速攀升阶段。2015 年我国人均 GDP 达到 8000 美元以上，已经进入了人民群众文化需求空前高涨、文化消费潜能巨大的时期。但是，我们应该看到，与人民群众日益增长的精神文化需求相比，我国的公共文化服务还存在短板和不足，如城乡、地区发展不均衡、服务效能有待进一步提高、社会化发展不够充分、体制机制尚不能完全适应全面深化改革的需要等，公共文化服务体系建设水平仍需进一步提高。在全面依法治国的今天，制定公共文化服务保障法的一个重要目的，就是用法治思维、法律手段来推动公共文化服务补短板、强基础，让公共文化服务走上规范、有序、健康发展的法治化轨道，从而更好地满足人民群众的精神文化需求，提高人民群众的获得感和幸福感，增强民族凝聚力，为实现中华民族伟大复兴的中国梦提供强大的精神动力和文化支撑。

第三，为了更好地传承中华优秀传统文化。中华民族有着五千多年连绵不断的文明历史，创造了博大精深的中华文化。讲仁爱、重民本、守诚信、崇正义、尚和合、求大同，是中华民族优秀品质和聪明智慧的结晶，具有超越时空、跨越历史的永恒魅力，成为涵养社会主义核心价值观的重要源泉。党的十八大以来，习近平总书记对弘扬中华优秀传统文化做出一系列重要论述，提出三个“讲清楚”：即要讲清楚中华文化积淀着中华民族最深沉的精神追求，是中华民族生生不息、发展壮大的丰厚滋养；讲清楚中华优秀传统文化是中华民族的突出优势，是我们最深厚的文化软实力；讲清楚中国特色社会主义植根于中华文化沃土、反映中国人民意愿、适应中国和时代发展进步要求，有着深厚历史渊源和广泛现实基础。在“讲清楚”的基础上，努力实现中华优秀传统文化的创造性转化、创新性发展。公共文化是植根于人民群众日常生活的文化。优秀传统文化往往以群众喜闻乐见的形式传承下来，又在群众喜闻乐见的传承形式中实现创造性转化、创新性发展。传承中华优秀传统文化是构建现代公共文化服务体系的重要任务之一。公共文化服务保障法把传承优秀传统文化写入立法宗旨，明确规定各级人民政府要充分利用公共文化设施，通过支持开展全民阅读、全民普法、全民健身、全民科普和全民艺术普及等公共文化活动，传承中华文化基因，弘扬优秀传统文化，从而引导人民群众树立和坚持正确的历史观、民族观、国家观、文化观，奠定文化自信的坚实基础。这体现了当代公共文化的民族基因和历史延续，体现了我国公共文化服务的历史责任和使命。

第四，为了更好地弘扬社会主义核心价值观。社会主义核心价值观是社会主义先进文化的灵魂，是决定我国文化性质和方向的最深层次要素。中共中央办公厅印发的《关于培育和践行社会主义核心价值观的意见》要求，一切文化产品、文化服务和文化活动，都要弘扬社会主义核心价值观。公共文化具有融入百姓生活、形式丰富多样、内容潜移默化的特点，在群众喜闻乐见的节庆文化活动、广场文化活动、传统民俗活动、志愿服务活动、社区文化活动、家庭邻里文化等活动中，践行体现社会主义核心价值观的行为准则，是我国公共文化服务体系建设的重要任务。通过公共文化服务传播社会主义核心价值观，达到价值理念高度认同、社会共识高度凝聚，对社会系统正常运行、社会秩序有效维护、建立以共有价值观和文化认同为基础的和谐社会，实现国家的长治久安，具有深远意义。以社会主义核心价值观引领公共文化发展，就是中华传统文化“以文化人”思想的时代表达和时代任务。

第五，为了进一步增强文化自信。文化自信是一个民族、一个国家以及一个政党对自身所禀赋和拥有的文化价值的充分肯定和积极践行。党的十八大以来，习近平总书记多次强调文化自信，指出坚定中国特色社会主义道路自信、理论自信、制度自信，说到底是要坚定文化自信，文化自信是更基础、更广泛、更深厚的自信，是更基本、更深沉、更持久的力量。文化自信从哪里来？我们在五千多年文明发展中孕育出了光辉灿烂的中华优秀传统文化，在党和人民伟大斗争中孕育出了革命文化和社会主义先进文化，它们积淀着中华民族最深层的精神追求，代表着中华民族独特的精神标识，是我们文化自信的根基和底气。公共文化服务通过人民群众喜闻乐见的文化艺术形式传播和展现中华优秀传统文化的博大精深，弘扬党和人民在长期革命斗争中孕育而成的革命文化和社会主义先进文化，这是人民群众坚定文化自信的重要渠道。同时，我国公共文化服务所取得的举世瞩目的成就，党和政府对社会主义先进文化的自觉担当和积极践行，人民群众精神文化需求通过日益丰富的公共文化服务得到更好满足，也为全体人民树立文化自信增加了切身感受、信心来源和实践基础。公共文化服务保障法把坚定文化自信作为立法宗旨之一，体现了公共文化服务在坚定中国特色社会主义道路自信、理论自信、制度自信、文化自信方面的独特作用。

第六，为了进一步促进中国特色社会主义文化繁荣发展。中国特色社会主义文化大发展大繁荣的基本标志是，社会主义核心价值体系建设深入推进，适应人民群众需要的文化产品更加丰富，精品力作不断涌现；文化事业全面繁荣，覆盖全社会的公共文化服务体系基本建立，基本公共文化服务均等化水平显著提高；文化产业成为国民经济支柱产业，整体实力和国际竞争力显著增强；推动中华文化走向世界的文化开放格局进一步完善；高素质的文化人才队伍发展壮大。在中国特色社会主义文化建设的总体格局中，公共文化服务体系建设以满足人民群众基本文化需求为目标，是社会主义文化建设的重要任务。党的十八届四中全会部署全面推进依法治国，在文化领域首先要求建立健全坚持社会主义文化先进方向、遵循文化发展规律、有利于激发文化创造活力、保障人民基本文化权益的文化法律制度，具体任务之一就是制定公共文化服务保障法。通过法律全面强化政府保障责任，鼓励全社会广泛参与，大力促进基本公共文化服务标准化均等化。现代公共文化服务体系建设有了法律支撑，必将促进中国特色社会主义文化走向进一步繁荣发展。

第七，为了进一步提高全民族文明素质。推动经济社会发展的根本目的是为了人的全面发展。人的全面发展的重要体现是文明素质的全面提升。文明素质融化在日常生活的思维方式、言谈举止、行为规范中。公共文化服务的重要功能，就是通过深入开展全民阅读、全民普法、全民科普、全民健身、全民艺术普及活动、优秀传统文化传承活动，全面滋养和培育人的文明素质，全面提升人的科学文化素养，锻造合格公民。公共文化服务保障法把提高全民族文明素质作为立法宗旨之一，体现了公共文化服务的社会教化功能。

11. 什么是公共文化服务?

公共文化服务保障法界定的公共文化服务包括了三大要素：责任主体、服务目的和提供内容。

首先是明确了责任主体。法律规定，公共文化服务由政府主导，表明公共文化服务的责任主体是各级政府。政府主导公共文化服务的主要标志，一是将公共文化服务纳入各级政府经济社会发展规划，二是公共文化服务主要以公共财政为支撑。公民、法人和其他组织等社会力量，是公共文化服务的重要参与者。

政府主导公共文化服务有宪法依据。我国宪法规定公民有进行科学研究、文学艺术创作和其他文化活动的自由，这是公民的基本权利之一。为了保障公民这一基本权利的实现，宪法规定国家发展为人民服务、为社会主义服务的文学艺术事业、新闻广播电视事业、出版发行事业、图书馆博物馆文化馆和其他文化事业，开展群众性的文化活动。发展各类文化事业、开展群众性文化活动，就是今天所说的公共文化服务，这是宪法赋予各级政府的责任和义务。政府主导公共文化服务也是政府履行基本职能的体现。在现代社会，享受基本公共服务是公民的权利，提供基本公共服务是政府的责任。改革开放以来，伴随着政府职能的转型，与我国当今经济社会发展水平相适应的基本公共服务的内容、范畴逐渐明确。2012 年发布的《国家基本公共服务体系“十二五”规划》，提出了“十二五”时期公共文化服务的重点任务和基本标准。2017 年 3 月，国务院印发《“十三五”推进基本公共服务均等化规划》，提出了“十三五”时期公共文化服务均等化发展指标、重点任务和保障措施。这表明，向全民提供基本公共文化服务已经成为各级政府的基本职能之一。

当然，公共文化服务由政府主导，并不等于政府包揽、政府包办，社会力量是公共文化服务的重要参与者。所谓社会力量，包括公民、法人和其他组织。社会力量参与公共文化服务的主要方式：一是通过投资或捐助设施设备、兴办实体、资助项目、赞助活动、提供产品和服务等方式参与公共文化服务；二是文化类社会组织通过承接政府转移事项、指导行业发展、促进行业交流、加强行业自律等方式参与公共文化服务；三是政府引入竞争机制、采用市场手段提供基本公共文化服务，如政府购买服务或管理运营、政府和社会资本合作等；四是公民参加文化志愿服务。公共文化服务是人民群众基本文化需求和多样性文化需求的有机统一，是标准化服务和个性化服务的有机统一，社会力量参与是丰富公共文化服务内容与形式的必然要求，对增强公共文化发展动力具有重要意义。

其次是明确了服务目的。公共文化服务以满足人民群众基本文化需求为主要目的。中国特色社会主义必须坚持以人民为中心，满足人民群众日益增长的精神文化需求。人民群众的精神文化需求是多样化的，满足人民群众精神文化需求的方式也是多样化的，既包括政府提供的公共文化服务，也包括市场提供的种类繁多的文化产品和服务。政府所提供的公共文化服务，一定要与经济社会发展和政府财政能力相适应，所以，政府提供的公共文化服务强调“基本”。“基本”是一个提供内容的范围尺度，但也要因地制宜、与时俱进、动态调整、不断提升。2011 年，党的十七届六中全会通过的《中共中央关于深化文化体制改革 推动社会主义文化大发展大繁荣若干重大问题的决定》，将人民群众的基本文化权益概括为看电视、听广播、读书看报、进行公共文化鉴赏、参与公共文化活动等。2015 年年初出台的《国家基本公共文化服务指导标准（2015—2020 年）》，提出了包括基本公共文化服务项目、硬件设施和人员配备在内的 3 大类、14 项、22 条基本公共文化服务指导标准。2015 年以来，全国各省、自治区、直辖市相继出台落实中办国办《关于加快构建现代公共文化服务体系的意见》和《国家基本公共文化服务指导标准

(2015—2020年)》的地方性实施意见和实施标准，提出的服务项目和标准指标在国家指导标准的基础上，体现出了鲜明的地方特色和地方发展水平。总的来看，目前我国已经建立起了与经济社会发展水平相适应的基本公共文化服务标准指标体系，公共文化服务在内容、种类、数量和水平等方面已经有了基本的标准和要求。

第三是明确了提供内容。法律规定公共文化服务提供的内容包括三大类：公共文化设施、文化产品和文化活动、其他相关服务。公共文化设施是公共文化服务的基础条件。本法第十四条对公共文化设施的内涵和外延做出了界定和列举。文化产品和文化活动，是指应用于公共文化服务的各种样态、形式、种类的文化资源、文化活动、文化产品。从形式上说，不论是图书、影视等实体性的文化产品，还是阅读指导、培训等服务，抑或是形式多样的文化艺术活动，只要是用于公益目的，均属于公共文化服务。其他相关服务，是指一些与公共文化服务相关的辅助性服务。

12. 公共文化服务坚持什么样的发展方向？

公共文化服务保障法明确提出了我国公共文化服务“三个坚持”的发展方向。

首先是坚持社会主义先进文化前进方向。社会主义先进文化植根于中国优秀传统文化，吸收国外文化有益成果，以马克思主义为指导，以培养有理想、有道德、有文化、有纪律的公民为目标，构建面向现代化、面向世界、面向未来的，民族的、科学的、大众的社会主义文化。坚持社会主义先进文化前进方向，就要求公共文化服务以符合自身发展规律的方式方法，通过融入老百姓日常生活的喜闻乐见的文化艺术形式，充分发挥引领风尚、教育人民、服务社会、推动发展的作用，促进在全社会形成积极向上的精神追求和健康文明的生活方式，为实现中华民族伟大复兴的中国梦提供强大的精神动力和文化支撑。

其次是坚持以人民为中心。公共文化服务的根本目的是满足人民群众日益增长的精神文化需求。以人民为中心，首先，要求公共文化服务确立人民创造文化、人民共享文化的理念，以人为本，尊重人民群众的文化创造和文化表现。其次，要求以满足人民群众的精神文化需求为出发点和落脚点，公共文化产品和服务要努力适应人民群众日益增长、不断提高的精神文化需求，实现公共文化服务与人民群众文化需求的有效对接。

第三是坚持以社会主义核心价值观为引领。党的十八大提出了社会主义核心价值观的基本内容：国家层面的价值目标是富强、民主、文明、和谐；社会层面的价值取向是自由、平等、公正、法治；公民个人层面的价值准则是爱国、敬业、诚信、友善。社会主义核心价值观与中国特色社会主义发展要求相契合，与中华优秀传统文化和人类文明优秀成果相承接，是社会主义先进文化的精神内核，是当代中国的价值共识。公共文化服务以社会主义核心价值观为引领，首先要求提供的一切资源、产品、活动和服务具有正确的价值导向、思想品格和群众喜闻乐见的表现形式，传递积极的人生追求、高尚的思想境界和健康的生活情趣，弘扬真善美，贬斥假恶丑。同时，公共文化服务应充分发挥自身特点，通过开展群众喜闻乐见的文化活动，践行公民的价值准则，提升公民的文明素质，让社会主义核心价值观的培育、传播和践行融入公共文化服务全过程。

13. 公共文化服务遵循什么建设方针?

公共文化服务坚持社会主义先进文化前进方向，坚持以人民为中心，坚持以社会主义核心价值观为引领，内容建设是根本。产品的创作和生产是内容建设的源头，只有创作和生产出一大批思想性、艺术性、观赏性有机统一的优秀产品，公共文化服务的内容丰富多彩，才能充分满足人民群众的精神文化需求，“以文化人”的目的才能真正实现。怎样才能让全民族的文化创造活力充分迸发?“百花齐放、百家争鸣”是基本的指导方针。

“百花齐放、百家争鸣”是毛泽东主席 1956 年在中共中央政治局扩大会议上提出的党领导科学文化工作的指导方针。这一方针体现了社会主义先进文化海纳百川、推陈出新的广阔胸怀。“百花齐放”是说文学艺术上的不同形式和风格可以自由发展；“百家争鸣”是说科学研究上的不同学派可以自由争论。“双百”方针应用于公共文化产品创作和生产有两层含义：第一，与人民群众精神文化需求的多层次、多样性、个性化相适应，公共文化产品和服务要不拘于一格，既要有阳春白雪，也要有下里巴人；既要顶天立地，也要铺天盖地，以具有广泛包容性的产品和服务来适应老百姓多样化的需求。第二，文化的本质功能是“以文化人”。作为政府主导的公共文化服务，在倡导产品和服务多样化的同时，对弘扬核心价值观、传播正能量、体现主旋律的产品和服务应给予明确的鼓励、有力的支持。发展先进文化，创新传统文化，扶持通俗文化，引导流行文化，改造落后文化，抵制有害文化，是公共文化服务对不同内容、不同样态文化现象的基本态度。

14. 政府对公共文化服务承担什么保障责任？

公共文化服务保障法第四条从总体上规定了县级以上人民政府对公共文化服务应当承担的保障责任：将公共文化服务纳入本级国民经济和社会发展规划；按照公益性、基本性、均等性、便利性的要求，加强公共文化设施建设，完善公共文化服务体系，提高公共文化服务效能。

按我国现行体制，所谓县级以上人民政府包括如下四个层级：一是国务院，即中央人民政府；二是省、自治区、直辖市人民政府；三是自治州、设区的市人民政府；四是县、自治县、不设区的市、市辖区的人民政府。我国宪法和中央、地方人民政府组织法律规定，全国人民代表大会行使审查和批准国民经济和社会发展计划以及计划执行情况报告的职权，国务院编制和执行国民经济和社会发展计划，领导和管理全国的教育、科学、文化、卫生、体育等工作；县级以上地方各级人民代表大会审查和批准本行政区域内的国民经济和社会发展计划，县级以上地方各级人民政府依照法律规定的权限，管理本行政区域内的教育、科学、文化、卫生、体育事业等行政工作。就公共文化服务工作来说，县级以上人民政府承担着编制和执行辖区内发展规划、制定保障政策、落实保障措施的职责，具有统筹本区域内公共文化服务均衡发展的完整权力，因此，法律将履行公共文化服务保障责任的主体确定为县级以上人民政府。

县级以上人民政府履行保障公共文化服务职责最重要的方式，是将公共文化服务纳入本级国民经济和社会发展规划。这是因为国民经济和社会发展规划是全国或者某一地区经济、社会发展的总体纲要，它统筹安排和指导区域内经济、社会、文化建设工作，是具有战略意义的纲领性文件。同时，国民经济和社会发展规划由县级以上人民政府编制、提出，经同级人民代表大会审查、批准，再由同级人民政府组织实施，同级人民代表大会还具有审查和批准执行的职权。不论国家的还是地方的国民经济和社会发展规划，其内容均经过了广泛深入的研究与审查，其产生经过了完整的法律程序，其执行情况受同级人民代表大会的监督，具有法定约束力。县级以上人民政府对公共文化服务的保障方式，首先强调纳入本级国民经济和社会发展规划，是把公共文化服务纳入法治化轨道的举措，是全面依法治国在公共文化服务中的具体体现。2016 年年初发布的《中华人民共和国国民经济和社会发展第十三个五年规划纲要》，贯彻落实创新、协调、绿色、开放、共享的发展新理念，部署了全面建成小康社会决胜阶段构建现代公共文化服务体系的重点任务，主要包括推进基本公共文化服务标准化、均等化；完善公共文化设施网络，加强基层文化服务能力建设；加大对老少边穷地区文化建设帮扶力度；加快公共数字文化建设；加强文化产品、惠民服务与群众文化需求对接；鼓励社会力量参与公共文化服务；继续推进公共文化设施免费开放；加强老年人、未成年人、农民工、残疾人等群体的文化权益保障；深化公益性文化单位改革等，并规划了“十三五”期间我国公共文化服务体系建设的重大项目。“十三五”规划纲要提出的重点任务，为到 2020 年前基本建成覆盖城乡、便捷高效、保基本、促公平的现代公共文化服务体系指明了方向。

县级以上人民政府对公共文化服务的保障内容，主要是三方面：一是加强公共文化设施建设，二是完善公共文化服务体系，三是提高公共文化服务效能。

设施是公共文化服务的载体，是提供公共文化服务的阵地。公共文化服务体系以设施体系为基础。公共文化设施属于典型的公共设施，因此，规划、建设和投资主体是各级政府。为加强各级政府对公共文化设施建设的保障，我国已经出台了一些行政法规、标准或规范，如 2003 年国务院公布了《公共文化体育设施条例》，2008 年以来，国家发改委、住房城乡建设部、国土资源部、文化部等部门陆续出台了《公共图书馆建设用地指标》（建标〔2008〕74 号）、《公共图书馆建设标准》（建标 108—2008）、《文化馆建设用地指标》（建标〔2008〕128 号）、《文化馆建设标准》（建标 136—2010）、《乡镇综合文化站建设标准》（建标 160—2012）等。本法律第二章用六条（第十四条至第十九条）专门对公共文化设施建设作出规定，有的是将以往行政法规、标准规范中行之有效的规定上升为法律，提高了规制力，有的是适应新形势、新发展的新规定。

公共文化服务体系是公共文化产品和服务提供、制度和系统建设的统称，是政府向人民群众提供公共文化服务的实现途径和保障体系。一般认为，公共文化服务体系主要包括五大子系统：设施网络体系、产品生产供给体系、人才资金技术保障体系、组织支撑体系和评估体系。现代公共文化服务体系建设的总体要求是，公共文化设施网络全面覆盖、互联互通；公共文化服务的内容和手段更加丰富，服务质量显著提升；公共文化管理、运行和保障机制进一步完善；政府、市场、社会共同参与公共文化服务体系建设的格局逐步形成。目前我国公共文化服务的重要短板之一，就是“体系化”程度不高。就设施来说，“一级政府办一个图书馆文化馆”“一个县城只有一个图书馆文化馆”，设施“孤岛运行”、单打独斗还是比较普遍的现象；就服务提供来说，场馆服务、流动服务、数字服务相互脱节的现象不时可见，许多公共文化服务机构不具备分众化、立体化的覆盖所有人的服务能力；就管理体制和运行机制来说，多头管理、资源分散，甚至行业壁垒、部门割据的现象依然存在；就制度建设来说，现有的法律法规、政策标准还没有完全覆盖公共文化服务的各个方面。所有这些，都是公共文化服务“体系化”程度不高的表现，造成的结果，一方面是人民群众的基本文化需求没有得到很好地满足，另一方面存在设施闲置、资源浪费、效益不高的现象。所以，政府履行对公共文化服务的保障责任，必须着眼于完善服务体系，切实弥补体系建设上的短板。

公共文化服务效能，是指公共文化服务的效率和效果。提高服务效能和完善服务体系是辩证统一的事情。完善服务体系是为了提高服务效能；服务效能稳步提高，标志着服务体系走向完善。服务效能不高是目前我国公共文化服务的又一突出短板。在一些地方，公共文化服务存在“重设施建设，轻管理使用”的现象，为此，法律将提高公共文化服务效能纳入政府保障的职责范围内。因为服务效能的提升，不仅仅取决于公共文化服务机构自身的努力，更取决于制约服务效能提升的关键性要素是否得到高度重视和有效保障。比如，公共图书馆要取得良好的服务效能，必须以数量充足、结构合理的文献资源为基础，否则“巧妇难为无米炊”，而文献资源的占有就是一个保障问题。再如，拥有数量和结构合理的人才队伍，是公共文化服务取得良好效能的又一重要制约因素，而人才队伍建设也是一个保障问题。所以，提高公共文化服务效能，必须从解决制约公共文化服务效能提升的关键要素做起，这就要求各级政府应建立起一种理念：提升服务效能是一个系统工程，提升服务效能必须从强化保障、完善体系、突破制约性要素做起。

15. 怎样理解公共文化服务的“四性”？

政府保障公共文化服务的责任不是无限的，保障的基本原则是体现公共文化服务的公益性、基本性、均等性、便利性（以下简称“四性”）。“四性”是公共文化服务的突出特点，按照“四性”要求强化政府保障责任，是政府保障与公共文化服务的特点相适应、与公共文化服务的本质要求相适应的体现。

公益性是说公共文化服务由政府主导，主要由公共财政支撑，为人民群众提供免费的或优惠的基本公共文化服务。公益性是公共文化服务区别于其他文化服务最主要的特征，是实现基本公共文化服务均等化的前提和保障。

基本性是指由政府主导的公共文化服务的范围和尺度。公共文化服务以保障公民基本文化权益、满足公民基本文化需求为目标，主要靠公共财政支撑的公共文化服务不可能满足所有公民的所有文化需求，“基本”就是公共文化服务的范围和尺度。什么是“基本”？目前阶段，纳入《国家基本公共文化服务指导标准（2015—2020 年）》和地方实施标准的内容，就指明了“基本”的具体内容、种类、数量和水平。

均等性是政府主导的公共文化服务的核心要求。公共文化服务由政府主导、主要由公共财政支撑，本质上是由全体公民共同承担成本。因为社会的文明进步、和谐发展，有赖于全体人民道德素质、文化素养的提升；反过来，社会实现了文明进步、和谐发展，每一个社会成员都是受益者。所以说文化发展由全体人民共同创造，文化发展的成果也理应由全体人民共享，这是社会公平正义的体现。政府作为社会的管理者，承担着为全体公民创造文化享有环境和条件的责任。普遍均等、惠及全民，让文化的阳光普照到每一个人，是公共文化服务的本质要求。

便利性是公共文化服务的前提条件。公共文化服务是老百姓身边的文化服务，是融入老百姓日常生活中的文化服务，方便利用是基本要求，也是公共文化服务可及性、有效性的体现。公共文化服务便利性的主要标志是，公共文化服务设施散布在老百姓身边，公共文化服务内容紧贴老百姓需求，公共文化服务方式和手段便于老百姓享用。没有便利性的公共文化服务，就没有公共文化服务的可及性，公共文化服务的应有作用也难以发挥。

公共文化服务的“四性”特点，有着内在的逻辑联系：公益是保障，基本是尺度，均等是核心，便利是前提。“四性”特点是在提炼总结我国公共文化服务实践基础上形成的理论概括。党的十七届六中全会通过的《中共中央关于深化文化体制改革 推动社会主义文化大发展大繁荣若干重大问题的决定》明确指出，按照公益性、基本性、均等性、便利性的要求，加强文化基础设施建设，完善公共文化服务网络，让群众广泛享有免费的或优惠的基本公共文化服务。中办国办《关于加快构建现代公共文化服务体系的意见》提出，到2020年基本建成覆盖城乡、便捷高效、保基本、促公平的现代公共文化服务体系，“四性”的特点仍然蕴含其中。以“四性”写入法律为标志，公共文化服务的基本特点由理论概括、政策表达上升为法律规定，成为政府履行公共文化服务保障责任的指导原则。

16. 为什么要建立基本公共文化服务标准制度?

公共文化服务的目标，是保障公民基本文化权益，满足公民基本文化需求，因此要求公共文化服务体现公益性、基本性、均等性、便利性的特点，实现公共文化服务的普遍均等、惠及全民。关于怎样实现基本公共文化服务的普遍均等、全民共享的问题，党的十八届三中全会作出促进基本公共文化服务标准化、均等化的战略部署，形成了以基本公共文化服务的标准化促进均等化的思路，明确了构建现代公共文化服务体系的主攻方向。2015年年初出台的中办国办《关于加快构建现代公共文化服务体系的意见》将统筹推进公共文化服务均衡发展列为首要任务。为了有效解决我国当前公共文化服务发展城乡不均衡、地区不均衡和人群不均衡的问题，该意见提出建立基本公共文化服务标准体系，具体要求是：(1) 根据国家经济社会发展水平和供给能力，明确国家基本公共文化服务的内容、种类、数量和水平，以及应具备的公共文化服务基本条件和各级政府的保障责任，确立国家基本公共文化服务指导标准，明确政府保障底线，做到保障基本、统一规范。（2）各地根据国家指导标准，制定与当地经济社会发展水平相适应、具有地域特色的地方实施标准，逐步形成既有基本共性又有特色个性、上下衔接的标准指标体系。（3）标准以县为基本单位推进落实。（4）建立基本公共文化服务标准动态调整机制，根据经济社会的发展变化，适时调整提高具体指标。这是关于国家基本公共文化服务标准体系的顶层设计，是十八届三中全会以公共文化服务的标准化促进均等化战略思想的具体化。公共文化服务保障法建立的基本公共文化服务标准制度，是将该意见提出的政策构想和要求上升为法律规定，从而为公共文化服务的标准化、均等化提供法律保障。

17. 基本公共文化服务标准制度是怎样设计的？

公共文化服务保障法建立的基本公共文化服务标准制度，由三个层次的标准构成。

第一个层次是国务院制定并调整国家基本公共文化服务指导标准。指导标准有四大要点。第一，制定主体是国务院，即中央人民政府，这决定了指导标准具有在全国范围内保障基本、统一规范的效力。第二，标准的性质是指导标准。所谓指导标准，其特点是重点规范公共文化服务的内容、种类，明确我国基本公共文化服务的主要事项和政府的保障底线，淡化数量和水平指标。这是因为我国人口和民族众多、幅员辽阔、发展不平衡，作为国家层面的“底线标准”，很难完全适应各地的实际情况，应给各地留出因地制宜、创新发展的足够空间。另一方面，在我国，公共文化服务属于中央和地方共同财政事权，但与基本养老保险、基本公共卫生服务、义务教育等基本公共服务相比，公共文化服务具有受益范围广、信息复杂、地方特色鲜明等特点，地方政府承担的财政事权外溢程度相对较低，因此，与当地经济社会发展水平相适应的公共文化服务标准，主要应由地方政府决定。国家层面的指导标准，主要发挥兜底线、指方向、做示范的作用。第三，制定指导标准的依据是公民基本文化需求和经济社会发展水平。既要充分考虑满足人民群众基本文化需求，又要充分考虑由经济社会发展水平决定的财政支撑能力，实现二者的相互适应。第四，指导标准应动态调整。随着经济社会发展水平的提高，人民群众的精神文化需求不断增长，指导标准不能一成不变，应动态调整，与时俱进。我国首个《国家基本公共文化服务指导标准（2015—2020 年）》作为《关于加快构建现代公共文化服务体系的意见》的附件，于 2015 年年初和该意见同时发布。其内容包括 3 类、14 项、22 条。

第二个层次是省级人民政府制定和调整基本公共文化服务实施标准。省级实施标准主要考虑四大因素。一是根据国家基本公共文化服务指导标准。其含义是所提供的基本公共文化服务的内容、种类不能少于国家指导标准，数量和水平不能低于国家指导标准。二是结合当地实际需求。服务项目的具体内容、新增项目的遴选确定、服务的数量和水平指标，要有效对接当地群众的实际需求。三是财政支撑能力。原则是所提供的基本公共文化服务与当地经济社会发展水平相适应，与公共财政的支撑能力相匹配。基本公共文化服务的保障对象是当地常住人口，对纳入标准的服务所需资金应进行科学测算，确保落实。既不提过高指标，也不能人为压低标准，要确保基本公共文化服务标准随经济社会发展不断提高。四是地方文化特色。文化具有强烈的地域性，文化享有具有强烈的选择性。基本公共文化服务所提供的项目、内容，要充分考虑挖掘和利用地方文化资源，传承和弘扬地方文化特色，把更多的植根于老百姓生活的、群众喜闻乐见的文化样式、文化活动纳入地方实施标准。截至 2016 年年底，全国 31 个省区市以及新疆生产建设兵团都已经出台了当地的实施标准。综观全国已出台的地方基本公共文化服务实施标准，有以下主要特点。第一，全面落实了以国家指导标准为依据的要求。所有省份的实施标准所规定的基本公共文化服务项目、内容，均高于国家指导标准所规定的量化指标，没有低于国家指导标准的现象。第二，结合当地实际，普遍增加了基本公共文化服务项目。增加较多的服务项目主要有公共数字文化服务、面向特殊群体的服务项目、讲座展览演出类服务项目、地方特色文化服务项目等。第三，根据当地经济社会发展水平，适当提高了服务项目指标的水平。如人均拥有公共图书馆藏书指标，绝大多数省份的指标都明显高于现有平均水平；公共文化机构的人员配备标准，部分省规定的乡镇综合文化站有编制人员数量高于国家指导标准；一些省还规定图书馆、文化馆的人员配备依服务人口数量核定。

第三个层次是地（市）、县（市）人民政府制定基本公共文化服务目录，并组织实施。这里说的“地（市）”是个泛称，法律的规定是“设区的市”。按照我国宪法的规定，直辖市以外的市分为“设区的市”与“不设区的市”，其中多数为设区的市。总的来看，设区的市与地级市概念类似，但地级市中有少数没有设区，直接下辖乡（镇、街道）。

公共文化服务目录是政府根据当地人民群众实际文化需求制作并公开提交的公共文化服务“菜单”，人民群众从中可得知能够均等地享有哪些公共文化服务；公共文化服务目录也是政府向全社会作出的关于公共文化服务保障的承诺，公共财力投入将以此为依据；公共文化服务目录还是政府向公共文化产品和服务提供者发布的信息和提出的要求，各级各类公共文化机构以此为指导承担并履行具体的公共文化服务提供任务，相关社会力量也将以此为指引有序参与公共文化服务。法律规定，公共文化服务目录根据国家基本公共文化服务指导标准和省、自治区、直辖市基本公共文化服务实施标准，结合当地实际制定。所谓结合当地实际，一是要结合当地经济社会发展实际，量力而行、尽力而为，以标准化促进基本公共文化服务均等化；二是要结合当地人民群众基本文化需求特点和行为偏好，消除无效供给，增加有效供给，实现精准提供基本公共文化服务；三是要结合经济社会发展和人民群众文化需求变化的实际，及时调整公共文化服务供给的内容和方式，不断提高供给的有效性。

地（市）、县（市）人民政府对本区域的公共文化服务目录承担着制定、公布和组织实施的责任。制定工作由政府主导，体现政府责任。制定完成后，由政府向全社会公开发布，并运用必要的宣传推广手段提高社会知晓度。在目录实施过程中，政府应主动采集社会各界的反馈意见，接受人民群众的监督。政府对所制定和公布的公共文化服务目录担负着组织实施的主体责任，应做好组织领导、规划指导、政策指引、任务落实、过程监管、检查验收、资金保障、队伍建设等方面工作。

基本公共文化服务标准制度是一项鲜明体现公共文化服务中国特色的制度。综观当今世界，政府以制定和公布标准的形式向老百姓公开承诺普遍均等的公共文化服务的内容、种类、数量和水平，为中国所独有，充分体现了我国由政府主导的公共文化服务以人民为中心的坚定信念和鲜明特色。

18. 国家基本公共文化服务指导标准的内容是什么?

党的十八届三中全会把促进基本公共文化服务标准化、均等化作为构建现代公共文化服务体系的重点任务，2015 年年初中办国办《关于加快构建现代公共文化服务体系的意见》部署了确立国家基本公共文化服务指导标准的任务，《国家基本公共文化服务指导标准（2015—2020 年）》作为该意见的附件同时发布，具体内容如下：

国家基本公共文化服务指导标准（2015—2020 年）

项目	内容	标准
基本服务项目	读书看报	1. 公共图书馆（室）、文化馆（站）和村（社区）（村指行政村，下同）综合文化服务中心（含农家书屋）等配备图书、报刊和电子书刊，并免费提供借阅服务。 2. 在城镇主要街道、公共场所、居民小区等人流密集地点设置阅报栏或电子阅报屏，提供时政、“三农”、科普、文化、生活等方面的信息服务。
	收听广播	3. 为全民提供突发事件应急广播服务。 4. 通过直播卫星提供不少于 17 套广播节目，通过无线模拟提供不少于 6 套广播节目，通过数字音频提供不少于 15 套广播节目。
	观看电视	5. 通过直播卫星提供 25 套电视节目，通过地面数字电视提供不少于 15 套电视节目，未完成无线数字化转换的地区，提供不少于 5 套电视节目。
	观赏电影	6. 为农村群众提供数字电影放映服务，其中每年国产新片（院线上映不超过 2 年）比例不少于 1/3。 7. 为中小学生每学期提供 2 部爱国主义教育影片。
	送地方戏	8. 根据群众实际需求，采取政府采购等方式，为农村乡镇每年送戏曲等文艺演出。
	设施开放	9. 公共图书馆、文化馆（站）、公共博物馆（非文物建筑及遗址）、公共美术馆等公共文化设施免费开放，基本服务项目健全。 10. 未成年人、老年人、现役军人、残疾人和低收入人群参观文物建筑及遗址类博物馆实行门票减免，文化遗产日免费参观。
	文体活动	11. 城乡居民依托村（社区）综合文化服务中心、文体广场、公园、健身路径等公共设施就近方便参加各类文体活动。 12. 各级文化馆（站）等开展文化艺术知识普及和培训，培养群众健康向上的文艺爱好。

续　表

项目	内容	标准
硬件设施	文化设施	13. 县级以上（含县级，下同）在辖区内设立公共图书馆、文化馆，乡镇（街道）设置综合文化站，按照国家颁布的建设标准等进行规划建设。 14. 公共博物馆、公共美术馆依据国家有关标准进行规划建设。 15. 结合基层公共服务综合设施建设，整合闲置中小学校等资源，在村（社区）统筹建设综合文化服务中心，因地制宜配置文体器材。
	广电设施	16. 县级以上设立广播电视播出机构和广播电视发射（监测）台，按照广播电视工程建设标准等进行建设。
	体育设施	17. 县级以上设立公共体育场；乡镇（街道）和村（社区）配置群众体育活动器材设备，或纳入基层综合文化设施整合设置。
	流动设施	18. 根据基层实际，为每个县配备用于图书借阅、文艺演出、电影放映等服务的流动文化车，开展流动文化服务。
	辅助设施	19. 各级公共文化设施为残疾人配备无障碍设施，有条件的配备安全检查设备。
人员配备	人员编制	20. 县级以上公共文化机构按照职能和当地人力资源社会保障、编办等部门核准的编制数配齐工作人员。 21. 乡镇综合文化站每站配备有编制人员 1 至 2 人，规模较大的乡镇适当增加；村（社区）公共服务中心设有由政府购买的公益文化岗位。
	业务培训	22. 县级以上公共文化机构从业人员每年参加脱产培训时间不少于 15 天，乡镇（街道）和村（社区）文化专兼职人员每年参加集中培训时间不少于 5 天。

《国家基本公共文化服务指导标准》明确了各级政府基本公共文化服务的保障底线，发挥保障基本、统一规范的作用。按标准实施的要求，县级以上人民政府按照标准科学测算所需经费，将基本公共文化服务保障资金纳入财政预算，

落实保障当地常住人口享有基本公共文化服务所需资金。中央和省级财政通过转移支付对老少边穷地区基本公共文化服务保障资金予以补助，同时，对绩效评价结果优良的地区予以奖励。

19. 国务院公共文化服务综合协调机制的主要职责有哪些？

长期以来，我国的公共文化服务存在着多头管理、条块分割、资源分散、效能不高的现象。横向看，同一层级的不同管理部门都涉及公共文化服务工作，但往往自成体系、各自为政，导致重复建设和服务空白并存；纵向看，不同层级的公共文化服务机构分级管理、封闭运行，资源共建共享难以实现，设施互联互通存在障碍。这些现象严重影响了公共文化服务资源的有效利用、效能的充分发挥。鉴于此，党的十八届三中全会部署构建现代公共文化服务体系的重点任务，首先就是建立公共文化服务体系建设协调机制。中办国办《关于加快构建现代公共文化服务体系的意见》也把建立公共文化服务体系协调机制作为创新公共文化管理体制和运行机制的重要措施，明确了协调机制建设的目标：完善党委领导、政府管理、部门协同、权责明确、统筹推进的公共文化服务体系建设管理体制。由此可见，公共文化服务保障法有关建立公共文化服务综合协调机制的规定，是将党中央的重大方针政策转化为法律规定。

公共文化服务保障法规定，国务院建立公共文化服务综合协调机制，指导、协调、推动全国公共文化服务工作。综合协调的具体职责由国务院文化主管部门承担。这一规定有四大要点。第一，协调机制的建立主体是国务院，体现了协调机制的权威性。第二，协调的范围是“综合”。所谓综合，一方面是说协调机制要容纳和公共文化服务工作相关的所有中央部委，体现协调机制的综合性；另一方面是说协调的事项范围广泛，从规划编制、政策衔接到标准规范的制定和实施，都要加强统筹、整体设计、协调推进。第三，协调机制的功能是指导、协调和推动。不改变现行公共文化管理体制，不替代、不削弱有关部门现行职责分工，不替代国务院决策，按照“集体讨论、协商一致”的原则，对重大问题达成共识，用以指导、协调和推动各部门职责范围内的公共文化服务工作。第四，国务院文化主管部门承担综合协调具体职责，也就是要求文化部承担协调机制牵头单位的职责，负责协调机制日常的具体工作。

目前，国家层面的公共文化服务综合协调机制已经建立。2014 年 3 月 19 日，国家公共文化服务体系建设协调组正式成立。到 2016 年年底，协调组的组成单位已经达到 26 个，分别是中宣部、中央编办、中央文明办、中央网信办、发展改革委、教育部、科技部、国家民委、民政部、财政部、人力资源社会保障部、国土资源部、住房城乡建设部、文化部、税务总局、质检总局、新闻出版广电总局、体育总局、国家文物局、国务院扶贫办、全国总工会、共青团中央、全国妇联、中国残联、中国科协、国家标准委。协调组办公室设在文化部。协调组承担的主要职责是：（1）协调推进重大公共文化政策、规划的制定和实施；（2）协调推进基本公共文化服务标准的制定和实施；（3）协调建立稳定的公共文化服务投入保障机制；（4）统筹推进基层文化设施和文化项目的建设与管理；（5）协调推进公共文化服务重点惠民项目；（6）协调推进公共文化人才队伍建设；（7）建立健全基层公共文化服务体系监督评估机制；（8）统筹推进公共文化服务体系建设其他重大事项。国家公共文化服务体系建设协调组成立以来，各成员单位对公共文化服务重大事项、重大政策保持密切沟通合作，探索建立了行之有效的会商机制、共同调研机制和督察机制，增强了公共文化服务工作的系统性、协同性和整体性，成为整合各部门优势资源、共同推进现代公共文化服务体系建设的良好平台。

20. 地方政府如何加强对公共文化服务的统筹协调?

公共文化服务保障法在规定国务院建立公共文化服务综合协调机制的同时，也明确要求地方各级人民政府应当加强对公共文化服务的统筹协调，推动实现共建共享。

地方各级人民政府统筹协调公共文化服务工作的重点任务，中办国办《关于加快构建现代公共文化服务体系的意见》中有明确要求。首先，要求发挥基层党委和政府作用，建立统一的基层公共文化服务平台，包括文化馆、图书馆总分馆体系，综合性“一站式”数字服务平台等。其次，加强各类重大文化项目在基层的统筹实施，如文化共享工程、数字图书馆博物馆建设、直播卫星广播电视公共服务、农村数字电影放映、数字农家书屋、城乡电子阅报屏建设等项目的统筹实施。再次，国家公共文化服务体系示范区（项目）创建城市按创建标准要求，建立由党政主要领导牵头、相关职能部门参与的公共文化服务体系建设协调机制，发挥引领示范作用。地方政府加强公共文化服务统筹协调的目标，是探索整合基层公共文化服务资源的方式和途径，实现共建共享，提升综合效益。

党的十八届三中全会之后，地方各级政府结合自身实际，在加强公共文化服务统筹协调方面迈出了坚实步伐。截至2016年年底，全国所有的省级政府和许多地（市）、县（市）政府都组建了公共文化服务协调机制，政府以协调机制为平台统筹推进公共文化服务体系建设的格局正在形成。

21. 我国公共文化服务工作的行政管理体制如何？

目前我国公共文化服务方面的主要任务集中在文化部和新闻出版广电总局的职责范围内，所以公共文化服务保障法规定，国务院文化主管部门、新闻出版广电主管部门负责全国的公共文化服务工作，明确了公共文化服务工作在中央政府的主管部门。

国务院文化主管部门是文化部。依据2008年《国务院办公厅关于印发文化部主要职责内设机构和人员编制规定的通知》(国办发〔2008〕79 号),文化部有关公共文化服务工作的职责主要包括:(1)拟订公共文化服务方面的方针政策,起草相关法律法规草案;(2)拟订公共文化事业发展规划并组织实施,推进公共文化领域的体制机制改革;(3)推进文化艺术领域的公共文化服务,规划、引导公共文化产品生产,指导国家重点文化设施建设和基层文化设施建设;(4)指导、管理社会文化事业,指导图书馆、文化馆(站)事业和基层文化建设;(5)组织实施非物质文化遗产保护和优秀民族文化的传承普及工作;(6)拟订公共文化与科技融合发展规划并监督实施,推进公共文化信息化建设;(7)指导、管理公共文化服务领域国际交流合作,组织实施大型对外公共文化交流活动;(8)管理国家文物局。在国务院批准的文化部主要职责中,特别强调推进公共文化服务、指导基层文化建设是应重点加强的职责。

国务院新闻出版广电主管部门是国家新闻出版广电总局。依据 2013 年《国务院办公厅关于印发国家新闻出版广电总局主要职责内设机构和人员编制规定的通知》(国办发〔2013〕76 号),国家新闻出版广电总局有关公共文化服务工作的主要职责是:(1)拟订新闻出版广播影视基本公共服务规划、政策和保障标准;(2)组织实施重大公益工程和公益活动,扶助老少边穷地区新闻出版广播影视建设和发展;(3)公共文化服务方面的互联网出版和开办手机书刊、手机文学业务等数字出版内容和活动的监管;(4)公共文化服务方面网络视听节目、公共视听载体播放的广播影视节目的监管；（5）广播电视节目传输覆盖、监测和安全播出的监管，推进广电网与电信网、互联网三网融合，推进应急广播建设。

国务院批准的新闻出版广电总局主要职责中，特别强调要重点强化组织推进新闻出版广播影视领域公共服务，大力促进城乡公共服务一体化发展。

现代公共文化服务是“大文化”理念下的公共文化服务。就公共文化服务的内容来看，涉及思想宣传、文化、新闻出版、广播电视、戏曲电影乃至于全民普法、全民健身、全民科普等；就公共文化服务的保障来说，涉及发展改革、财政税收、人事编制、设施建设、信息化发展、人才培养、审计监督等多个部门。有效实施对公共文化服务的保障，政府各有关部门必须各司其职、协同治理、形成合力，共同推动现代公共文化服务体系建设。因此，公共文化服务保障法规定国务院其他有关部门在各自职责范围内负责相关公共文化服务工作。

在地方，法律规定县以上地方人民政府文化、新闻出版广电主管部门负责本行政区域内的公共文化服务工作，政府其他有关部门在各自职责范围内负责相关公共文化服务工作。目前，我国地方政府公共文化服务的主管部门比较复杂。在省一级，管理体制基本和中央政府一致，绝大多数还是文化和新闻出版广电主管部门分立，只有少数省份实现了二者的整合。在地（市）和县（市），绝大多数已经按照政府管理体制改革的要求，实现了文化、新闻出版、广播电视的整合，“文广新”的主管部门实现了统一。有的地方还将体育、旅游等也纳入其中，走向“文广新体旅”主管部门的整合。在省、市、县三级，无论文化和新闻出版广电部门是分设还是合并，都应依法承担履行公共文化服务主管部门的职责。

22. 为什么要对老少边穷地区的公共文化服务给予扶助?

老少边穷地区是指革命老区、民族地区、边疆地区、贫困地区，指称范围有交叉，总体上看，主要集中在我国中西部地区。

革命老区是指土地革命战争和抗日战争时期，在中国共产党和毛泽东等老一辈无产阶级革命家领导下创建的革命根据地，它分布在 27 个省、自治区、直辖市的 1300 多个县(市、区)。

民族地区是指各少数民族聚居的地方。依据我国宪法，各少数民族聚居的地方实行区域自治。行政区域划分分为自治区、自治州、自治县、民族乡。截至 2015 年年底，我国共有 5 个民族自治区、30 个民族自治州和 120 个民族自治县(旗)。

边疆地区是指我国边境沿线地区。我国陆疆省区包括黑龙江省、吉林省、辽宁省、内蒙古自治区、甘肃省、新疆维吾尔自治区、西藏自治区、广西壮族自治区和云南省。

贫困地区是对经济社会发展相对滞后地区的统称。文化部、国家发展改革委、国家民委、财政部、新闻出版广电总局、体育总局、国务院扶贫办七部委制定的《“十三五”时期贫困地区公共文化服务体系建设规划纲要》明确提出，纲要的实施范围包括六盘山区、秦巴山区、武陵山区、乌蒙山区、滇桂黔石漠化区、滇西边境山区、大兴安岭南麓山区、燕山—太行山区、吕梁山区、大别山区、罗霄山区等区域的集中连片特困地区和已经明确实施特殊政策的西藏、四省藏区、新疆南疆四地州，以及连片特困地区以外的国家扶贫开发工作重点县，共计 839 个县，含民族自治地方县 426 个、革命老区县 357 个、陆地边境县 72 个，共有乡镇（街道）1.29 万个，行政村 14.2 万个，总人口 3.26 亿，占全国人口的 23.8%；总面积 479.6 万平方公里，占国土面积的 49.9%，涉及 22 个省级行政区、167 个地级行政区。

由于自然、历史等原因，老少边穷地区经济社会发展水平相对滞后。以全国公共文化服务经费投入而论，2015 年东部 9 省占总投入的 42.1%，中部 10 省区占 24.1%，西部 12 省区占 28.4%。据对 2015 年开展的全国第四次文化馆评估定级数据统计分析，全国县级以上文化馆经费投入总量，贫困县只及县级文化馆平均水平的 43.1%，馆舍建筑面积贫困县是县级文化馆平均水平的 77.4%。截至 2015 年年底，建筑面积小于 800 平方米的县级公共图书馆，中西部地区占了 88%；人均拥有公共图书馆藏书，东部地区达到 0.89 册，西部地区人均 0.47 册，中部地区 0.39 册；人均公共图书馆购书费，东部地区为 2.26 元，西部地区人均 0.83 元，中部地区人均 0.73 元。

中办国办《关于加快构建现代公共文化服务体系的意

见》把推动老少边穷地区公共文化建设实现跨越式发展，作为统筹推进公共文化服务均衡发展的重点任务之一，明确提出了力争在较短时间内使老少边穷地区公共文化服务能力和水平有明显改善的发展目标，要求按照精准扶贫的原则，以广播电视服务网络、数字文化服务、乡土人才培养、流动文化服务、农村留守妇女儿童文化帮扶为重点，集中实施一批文化扶贫项目。《“十三五”时期贫困地区公共文化服务体系建设规划纲要》进一步明确和细化了“十三五”时期贫困地区公共文化服务体系建设的总体目标：公共文化服务能力和水平有明显改善，群众基本文化权益得到有效保障，基本公共文化服务主要指标接近全国平均水平，扭转发展差距扩大趋势，公共文化在提高贫困地区群众科学文化素质、促进当地经济社会全面发展方面发挥更大作用。为实现这一目标，部署了“十三五”时期加快完善公共文化设施网络、全面推进基本公共文化服务均衡发展、有效增强公共文化发展活力、切实提高公共文化服务效能、大力推进公共数字文化建设、不断加强公共文化人才队伍建设、大力开展文化帮扶工作、积极推动群众脱贫致富等八大方面的重点任务和项目。“十三五”时期，贫困地区公共文化服务体系建设纳入了全面建成小康社会奋斗目标和国家扶贫开发总体战略，纳入了新型城镇化建设、新农村建设和国家扶贫开发工作总体布局，纳入了专项扶贫、行业扶贫、社会扶贫“三位一体”大扶贫格局。“十三五”时期是我国扶贫攻坚的决胜阶段，也是贫困地区公共文化服务体系建设实现跨越式发展的关键时期。

公共文化服务保障法规定，国家扶助老少边穷地区的公共文化服务，促进公共文化服务均衡协调发展，实际上是把党中央、国务院长期以来对老少边穷地区实行扶助的方针政策上升为法律规定。这一规定在总则中是原则性、方向性的，本法第三十五条关于国家重点加强农村地区公共文化产品供给的规定，第四十条关于国家加强民族语言文字文化产品供给的规定，第四十六条关于各级人民政府对老少边穷地区公共文化服务增加投入的规定，以及国家鼓励和支持经济发达地区对老少边穷地区的公共文化服务提供援助的规定，第五十二条关于鼓励和支持专业人才、高校毕业生到基层从事公共文化服务工作的规定等，都是原则性规定的具体化。这些具体规定标志着多年来被实践证明行之有效的扶助老少边穷地区公共文化服务的政策措施实现了法律化。

23. 公共文化服务为什么要特别关注特殊人群？

公共文化服务保障法第九条规定，各级人民政府应当根据未成年人、老年人、残疾人和流动人口等群体的特点与需求，提供相应的公共文化服务，对特殊人群的公共文化服务给予了特别关注。

在我国，未成年人指未满十八周岁的公民，共有 3.67 亿，约占总人口的 28%。老年人指六十岁以上的公民，共有 2.22 亿，约占总人口的 16.1%。残疾人是指在心理、生理、人体结构上，某种组织、功能丧失或者不正常，全部或者部分丧失以正常方式从事某种活动能力的人，目前全国总数8500万，约占总人口的6.2%。流动人口主要是进城务工人员，目前共2.74亿，约占总人口的20%。未成年人、老年人、残疾人和流动人口，是目前我国特殊人群的主要部分。

公共文化服务的突出特点之一是均等性，所谓人不分老幼、地不分南北、“有教无类”、普遍均等，公共文化服务的“阳光”应当普照到每一个人。从理论上说，所有的公共文化服务，特殊人群都可以和其他人一样参与或享受，但是，由于主客观条件的限制，许多常规的公共文化服务对特殊人群来说往往是可望而不可即。为了保证社会公平正义的实现，保证经济社会发展成果为全体社会成员所分享，充分体现社会的文明进步，现代社会普遍实行对特殊人群的经济社会文化权利给予特殊保障的政策。我国宪法确立了公民在法律面前一律平等的原则，制定了未成年人保护法、老年人权益保障法、残疾人保障法，以及保障农民工权益的方针政策，对特殊群体的权益给予了特别关注和保护。针对特殊人群的公共文化服务的关注，从根本上说是在落实宪法原则，使本法与保障未成年人、老年人、残疾人权益的其他现行法律以及保障农民工权益的现行政策相衔接，确立了我国公共文化服务在推进均衡发展过程中消除人群差距的基本方针。

公共文化服务保障法有关特殊人群服务的规定有两个要点。第一，明确了满足特殊群体文化需求的责任主体是各级政府。本法第十四条将青少年宫、妇女儿童活动中心、老年人活动中心等主要面向特殊人群的设施纳入公共文化设施范畴，第十五条规定县级以上地方人民政府建设公共文化设施要考虑“人口状况”，第十七条规定公共文化设施建设要配置无障碍设施设备，第三十一条规定收取费用的公共文化设施应每月定期向中小学生免费开放，第三十六条规定在务工人员较为集中的区域以及留守妇女儿童较为集中的农村地区配备必要的公共文化服务设施，第三十八条规定地方各级人民政府应当加强面向在校学生的公共文化服务等，都是政府承担为特殊人群提供相应的公共文化服务责任的具体化。第二，强调面向特殊人群的公共文化服务必须符合特殊人群的特点与需求。为特殊人群提供公共文化服务，没有针对性就没有必要性，更没有有效性。中办国办《关于加快构建现代公共文化服务体系的意见》，部署了保障特殊群体基本文化权益有针对性的重点任务。对未成年人，重点是加强思想道德教育和提升科学文化素质，公共文化机构开展向中小学生推荐优秀出版物、影片、戏曲工作，开展学龄前儿童基础阅读促进工作；互联网站、互联网文化企业开发制作有利于青少年身心健康的优秀作品；建立中小学生定期参观博物馆、美术馆、纪念馆、科技馆的活动计划，实施青少年体育活动促进计划等。对老年人，重点是积极开展公益性的文化艺术培训、展演和科学普及活动。对残疾人，首先是完善无障碍设施，其次是实施盲文出版项目，开发视听读物、建设有声图书馆，鼓励和支持电视台增加手语节目或加配字幕，加强对残疾人文化艺术的扶持力度。新生代进城务工人员工已经成为进城务工人员的主体，也是城市流动人口的主体，满足他们的基本文化需求，重点是解决好文化融入、城市融入、社区融入的问题，基本路径是把进城务工人员纳入城市公共文化服务体系，全面落实公共文化服务以常住人口为保障范围的政策。

24. 为什么要鼓励和支持公共文化服务与学校教育相结合？

公共文化服务保障法第十条规定，国家鼓励和支持公共文化服务与学校教育相结合，充分发挥公共文化服务的社会教育功能，提高青少年思想道德和科学文化素质。社会教育是相对于学校教育的一个概念，指学校以外的社会文化机构、团体或组织对社会成员实施的教育。相对于学校教育，社会教育具有内容丰富、形式多样、受众广泛、约束性相对较弱等特点。公共文化机构和社会教育有着天然的联系。国外有的国家直接把图书馆、博物馆等公共文化机构定义为社会教育机构。如日本的《社会教育法》就把图书馆、博物馆、公民馆（类似于我国的文化馆）界定为社会教育机构。在我国，图书馆、文化馆、博物馆等公共文化机构一直承担着开展社会教育的职能，许多现行有效的法律法规对此都有明确规定。如教育法规定，图书馆、博物馆、科技馆、文化馆、美术馆、体育馆（场）等社会公共文化体育设施，以及历史文化古迹和革命纪念馆（地），应当对教师、学生实行优待，为受教育者接受教育提供便利。广播、电视台（站）应当开设教育节目，促进受教育者思想品德、文化和科学技术素质的提高。未成年人保护法规定，爱国主义教育基地、图书馆、青少年宫、儿童活动中心应当对未成年人免费开放；博物馆、纪念馆、科技馆、展览馆、美术馆、文化馆以及影剧院、体育场馆、动物园、公园等场所，应当按照有关规定对未成年人免费或者优惠开放。《博物馆条例》规定，博物馆应当根据自身特点、条件，运用现代信息技术，开展形式多样、生动活泼的社会教育和服务活动，参与社区文化建设和对外文化交流与合作；应当对学校开展各类相关教育教学活动提供支持和帮助。

公共文化服务保障法有关国家鼓励和支持公共文化服务与学校教育相结合的规定表达了三层意思：首先，公共文化服务和学校教育相结合，是我国公共文化服务的基本原则之一；其次，公共文化服务与学校教育结合的实现方式，是充分发挥公共文化服务的社会教育功能；第三，公共文化服务与学校教育相结合的目的，是提高青少年的思想道德和科学文化素质。总则中的这一规定是原则性的，本法第三十八条对公共文化服务支持学校教育作出了专门规定。长期以来，我国的公共文化服务机构通过举办讲座、展览展示、开展丰富多彩的活动，打造青少年“第二课堂”，在提高青少年思想品德水平，开阔视野，增长知识，发展能力，培育兴趣、爱好和特长等方面发挥了重要作用。以提高青少年思想道德和科学文化素质为目标，进一步发挥公共文化服务的社会教育功能，完善家庭教育、学校教育和社会教育紧密结合、相辅相成的青少年教育体系，是我国公共文化服务的重要任务。

25. 为什么要充分发挥科技在公共文化服务中的作用?

当今时代，科学技术迅猛发展。互联网改变了人们的思维方式、工作方法和生活习惯；大数据为推动经济发展、完善社会治理、提高公共服务能力开辟了新的途径；新媒体大大拓展了信息传播和利用的方式方法。集成和应用现代科技成果，充分发挥科技在公共文化服务中的作用，成为现代公共文化服务体系建设的时代任务，也是公共文化服务的时代特色。公共文化服务保障法顺应时代发展趋势，在总则中以专门条款明确了国家鼓励和支持公共文化服务与现代科技融合发展、充分发挥科技在公共文化服务中作用的基本原则，指出了推动现代信息技术和传播技术在公共文化服务中广泛应用的重点任务，揭示了国家鼓励和支持发挥科技在公共文化服务中应用的目的，提高了公众的科学素养和公共文化服务水平。

现代信息技术是用于管理和处理信息所采用的各种技术的总称，主要包括电子技术、光电子技术、通信技术、网络技术、感测技术、控制技术、显示技术等。现代传播技术是指依托全媒体、互联网对信息进行高效快捷、安全有序传播的技术。现代信息技术和传播技术应用于公共文化服务，主要任务是推进公共文化服务数字化建设和现代传播能力建设。近十年来，我国的公共数字文化服务体系和现代传播体系建设充分发挥制度优势、体制优势，以农村和基层为重点，统筹实施国家重大数字文化工程，用较短的时间实现了跨越式发展。广播电视村村通工程到“十二五”末已基本实现了全国20户以上自然村的全覆盖。2016年4月印发的《国务院办公厅关于加快推进广播电视村村通向户户通升级工作的通知》，要求统筹无线、有线、卫星三种技术覆盖方式，到2020年，基本实现数字广播电视户户通，形成覆盖城乡、便捷高效、功能完备、服务到户的新型广播电视覆盖服务体系。2002年开始实施的全国文化信息资源共享工程，开创了由政府主导的面向农村、基层的公共文化服务数字化和传播方式网络化的“中国模式”，编织出了一张覆盖全国农村和基层的公共数字文化服务网。到2015年年底，已经建成3.2万个以上的乡镇基层服务点，70多万个村（社区）基层服务点，6.2万个基层公共电子阅览室，数字资源总量达到530TB以上，年均投放资源量10TB、2万小时以上。2011年以来实施的数字图书馆推广工程，构建起了以一库（分布式公共文化资源库群）、一网（以各级数字图书馆为节点的数字图书馆虚拟网）、三平台（中华文化集中展示平台、开放式信息服务平台和国际文化交流平台）为主要内容的覆盖全国的数字图书馆虚拟网，实现了全国数字图书馆资源总量10000TB以上、手机用户8亿人以上、数字电视用户8000万户以上、互联网用户4.2亿人以上的目标。“十二五”以来，农家书屋工程开始向数字化转型升级，目前全国基于卫星网络传输的数字农家书屋已有3万多家，服务3000万以上的农村人口。伴随着移动互联网的迅速发展，近年来我国的公共数字文化服务在打造区域“一站式”综合服务平台、开发适应移动服务的数字资源、建设具有互动和智能特点的体验空间方面，快速推进，成果丰硕。

近几年，国家在许多重要政策性文件中，对推动现代信息技术和传播技术在公共文化服务中应用做出了相应部署。2013年8月国务院印发《“宽带中国”战略及实施方案》，明确提出加快文化馆（站）、图书馆、博物馆等公益性文化机构和重大文化工程的宽带联网，实施“数字文化宽带应用示范工程”，主要内容包括建设可智能适配不同宽带接入网络和终端的广播影视、文化馆、图书馆、博物馆等数字文化内容平台，提高数字文化内容平台的宽带联网和互联互通水平，结合宽带网络能力提升创新数字文化服务业态，丰富各类数字文化应用，开发数字文化应用智能终端，开展各类数字文化宽带应用示范，促进宽带网络和文化发展融合，增强文化传播能力。2015年8月国务院印发《促进大数据发展行动纲要》，明确了加强数字图书馆、档案馆、博物馆、美术馆和文化馆等公益设施建设，构建文化传播大数据综合服务平台，是教育文化领域大数据应用的重点任务之一。中办国办《关于加快构建现代公共文化服务体系的意见》提出了新时期推进公共文化服务与科技融合发展的三大任务：一是加大文化科技创新力度。研究制定公共文化服务领域科技标准规范，开展文化专用装备、软件、系统的研发应用，加强科技成果应用转化。二是加快推进公共文化服务数字化建设。提升公共文化机构数字化建设水平，统筹实施国家重大数字文化工程，构建标准统一、互联互通的公共数字文化服务网络，在基层实现共建共享。提高资源供给能力，建设分布式资源库群，开发特色数字文化产品。加强公共文化大数据采集、存储和分析处理，实现“一站式”服务。三是提升公共文化服务现代传播能力。拓宽公共文化资源传输渠道，大力推进“三网融合”，促进新媒体、新业态发展，构建数字出版物传播平台，加强广播电视播出传输覆盖设施建设。由此可见，公共文化服务保障法关于充分发挥科技在公共文化服务中心作用的规定，实际上也是将长期以来我国公共文化服务体系建设贯彻执行的方针政策上升为法律规范。在公共文化服务保障法中，这一原则规定主要通过第十四条、第十五条落实在公共文化设施建设上，主要通过第三十三条落实在公共文化服务提供上。

公共文化服务广泛应用现代信息技术和传播技术，是提高公众科学素养的重要途径。公众的科学素养，一般是指公众了解必要的科学技术知识、掌握基本的科学方法、树立科学思想、崇尚科学精神，并具有一定的应用它们处理实际问题、参与公共事务的能力。2006 年国务院印发《全民科学素质行动计划纲要（2006—2010—2020 年）》，提出到 2020 年科学技术教育、传播与普及有长足发展，形成比较完善的公民科学素质建设的组织实施、基础设施、条件保障、监测评估等体系，公民科学素质在整体上有大幅度的提高，达到世界主要发达国家 21 世纪初的水平。2016 年，由科技部、财政部、中宣部牵头，中央组织部等 20 个部门参与制定的

《中国公民科学素质基准》发布，内容包括26条基准、132个基准点，涵盖了公民需要具有的科学精神、掌握或了解的知识、具备的能力。公共文化服务集成和应用现代信息技术和传播技术，使公共文化服务设施具有了科学普及阵地的功能，全民科普成为公共文化服务的重要内容之一。公众获取和利用公共文化服务资源、服务的过程，就是运用现代信息技术、体验现代科技应用、接受科技传播内容、学习和了解现代科技知识的过程。

公共文化服务广泛应用现代信息技术和传播技术，是提高公共文化服务水平的重要手段。我国公共文化服务长期存在的目标人群覆盖率偏低、服务的可及性尚有差距、资源和服务与需求的有效对接还不够贴切等“老大难”问题，在传统服务方式和手段下很难完全彻底解决。现代信息技术和传播技术的广泛应用，可以实现公共文化服务的“无处不在、触手可得”，大数据分析应用于公共文化服务，为精准服务、针对性服务提供可靠依据。技术创新带来了服务方式和手段的创新，为提高公共文化服务水平开辟了新天地。

26. 开展公共文化服务国际合作与交流有什么重要意义?

社会主义先进文化是面向现代化、面向世界、面向未来的，民族的、科学的、大众的文化，民族性与开放性是有机的统一。一方面，社会主义先进文化与我国的优秀传统文化相承接，与我国经济状况、社会制度、发展道路高度契合，具有鲜明的中国风格、中国气派；另一方面，社会主义先进文化积极吸收人类一切文明进步成果，学习借鉴一切有利于加强我国社会主义文化建设的有益经验、一切有利于丰富我国人民群众文化生活的积极成果、一切有利于发展我国文化事业和文化产业的管理理念和机制，体现鲜明的开放性和包容性。新时期中国特色现代公共文化服务体系建设，要求体现出顺应时代发展趋势、适应基本国情和市场经济要求、符合文化发展规律的特点，同样是中国特色和时代发展趋势、文化发展规律的有机统一。因此，公共文化服务保障法将鼓励和支持公共文化服务领域开展国际合作与交流，确立为我国公共文化服务的基本方针之一。

合作与交流，行为方式的侧重点有所不同。合作是为了达到共同目的彼此之间相互配合的联合行动；交流是将自身创造、拥有的成果提供给对方。不论合作还是交流，双向互动、有来有往是基本特征，因此，公共文化服务领域开展国际合作与交流具有双重意义。一方面，通过国际合作与交流，推动优秀群众文化活动成果走出去，在国际舞台上展示中国老百姓的文化创造和文化表现，以文化的、民间的交流夯实“民心相通”的基础，建立向世界讲好中国故事的话语体系和表现体系；另一方面，通过国际合作与交流，把国外优秀的民族民间文化活动成果请进来，既能活跃和丰富群众文化生活，又为吸收借鉴国外公共文化服务的成功做法和经验提供样本。

近年来，我国公共文化服务领域的国际合作与交流开创了新局面。“一带一路”文化合作与交流、海外中国文化中心建设、双边或多边文化交流年、“东亚文化之都”创建、以“相约北京”“上海国际艺术节”为代表的国际文化交流品牌、丰富多彩的群众文化活动都在其中发挥了重要作用。面向全球的“欢乐春节”活动，更是以各地广泛的参与度、浓厚的民族性和群众性，成为中华文化走出去的样板。数据显示，2016 年“欢乐春节”活动遍及全球 140 个国家和地区的 400 多座城市，举办的文化活动涉及十多个门类共计 2100 多项，海外受众超过 2.5 亿人次，包括国家元首、首脑在内的 1000 多位外国政要参与其中。公共文化服务保障法将鼓励和支持公共文化服务领域开展国际合作和交流的方针政策法律化，提升了公共文化服务对外合作交流的保障力度，对进一步完善我国多层次的对外文化交流格局具有重要意义。

27. 为什么要鼓励和支持公民、法人和其他组织参与公共文化服务?

公民是指享有权利和承担义务的自然人。法人是指依法独立享有民事权利和承担民事义务的组织。其他组织是指合法成立、有一定的组织机构和财产，但又不具备法人资格的组织，如经民政部门核准登记领取社会团体登记证的社会团体。公民、法人和其他组织，涵盖了全社会所有参与公共文化服务的各种力量，也就是通常所说的社会力量。

公共文化服务保障法第二条规定公共文化服务的责任主

体是政府，社会力量是重要的参与者，第十三条将国家鼓励和支持社会力量参与公共文化服务的方针政策法律化，表明社会力量是我国公共文化服务体系建设不可或缺的重要力量。社会力量参与是我国公共文化服务体系建设的基本方针，为社会力量参与公共文化服务提供了法律依据。

在政府主导的基础上引导和鼓励社会力量广泛参与，是我国公共文化服务体系建设长期倡导并坚持的方针。2007 年中央政治局研究加强公共文化服务体系建设，就明确提出以政府为主导、以公益性文化单位为骨干、鼓励全社会积极参与。2011 年党的十七届六中全会通过的《中共中央关于深化文化体制改革 推动社会主义文化大发展大繁荣若干重大问题的决定》进一步指出，引导和鼓励社会力量通过兴办实体、资助项目、赞助活动、提供设施等形式参与公共文化服务。党的十八届三中全会部署构建现代公共文化服务体系，提出引入竞争机制，推动公共文化服务社会化发展，鼓励社会力量、社会资本参与公共文化服务体系建设。这进一步扩展和深化了社会力量参与的内涵与外延。2015 年年初中办国办出台《关于加快构建现代公共文化服务体系的意见》，把鼓励和引导社会力量参与提升到增强公共文化服发展动力的高度，从理论上明确了社会力量参与是促进公共文化服务发展的内生动力，在实践上提出了创新社会力量参与方式的要求，主要是建立健全政府向社会力量购买公共文化服务机制、推广运用政府和社会资本合作模式、推动建立健全公开透明的社会捐赠管理制度、探索开展公共文化设施社会化运营方式等。

从以上发展进程可以看出，伴随着我国公共文化服务体系建设的不断推进，我们对社会力量参与公共文化服务的理解和认识也在不断深化。公共文化服务保障法对社会力量参与公共文化服务作出了较为全面系统的规定，落实了党的十八届三中全会推进公共文化服务社会化发展的要求，彰显了现代公共文化服务体系的突出特点，成为本法的一大亮点。

公共文化服务保障法总则中确立了国家鼓励和支持公民、法人和其他组织参与公共文化服务的基本原则，相关法条则使这一原则进一步具体化：第二十五条对社会力量参与公共文化设施建设和运营管理作出了具体规定；第三十二条、第三十七条、第四十二条、第四十三条对社会力量参与公共文化服务作出了具体规定；第四十八条、第四十九条、第五十条、第五十三条对社会力量参与的方式以及国家的鼓励支持政策作出了具体规定。通过一系列具体规定，为社会力量参与公共文化服务提供了切实的法律保障。

28. 怎样建立公共文化服务领域的表彰奖励制度？

表彰和奖励是国家鼓励和引导社会力量参与公共文化服务的重要激励手段。党的十七届六中全会通过的《中共中央关于深化文化体制改革 推动社会主义文化大发展大繁荣若干重大问题的决定》，提出了抓紧设立国家级文化荣誉称号、表彰奖励成就卓著的文化工作者的任务，建立国家荣誉制度的问题提上了日程。2015 年 12 月 14 日，中共中央政治局审议通过了《关于建立健全党和国家功勋荣誉表彰制度的意见》，同年12月27日，第十二届全国人大常委会第十八次会议表决通过了《中华人民共和国国家勋章和国家荣誉称号法》，建立起了我国最高层次的国家荣誉制度。截至目前，我国各级政府对积极参与公共文化服务并做出突出贡献的各种社会力量的表彰和奖励，还没有形成常态、规范的制度。公共文化服务保障法第十三条确立了国家对做出突出贡献的社会力量给予表彰和奖励的法律原则，以此为契机，抓紧制定实施细则，明确“突出贡献”的条件、“依法”的内涵、表彰和奖励的程序与方式，尽快建立健全对在公共文化服务中作出突出贡献的社会力量的表彰和奖励制度，是一项紧迫的任务。

表彰是侧重于精神层面的褒扬，奖励是侧重于物质层面的鼓励。公共文化服务保障法有关表彰和奖励的规定包含三层意思。一是表彰和奖励的实施主体是“国家”，具体由各级人民政府实施。二是表彰和奖励的对象是公民、法人和其他组织，也就是参与公共文化服务的社会力量。三是表彰和奖励的前提条件，是在公共文化服务中作出突出贡献。

第二章　公共文化设施建设与管理

29. 什么是公共文化设施?

对于公共文化设施的定义，公共文化服务保障法第十四条是这样规定的：公共文化设施是指用于提供公共文化服务的建筑物、场地和设备。作为公共文化设施的建筑物，包括房屋建筑和附属设施等其他建筑物。公共文化设施的功能用房建筑，是公共文化设施的主体。公共文化设施的功能不同，其对功能用房的要求也不相同，应当根据其具有的功能、承担的任务、形成的特点来建设相应的功能用房。作为公共文化设施的场地，包括室外活动场地（含运动场地）、人员集散场地、道路、停车场、绿化用地等，是公共文化设施的重要组成部分。公共文化服务的性质决定了公共文化设施应配建有专用的室外活动场地，以便于开展适宜的文化体育活动。优美的环境、通畅的道路、必要的停车场和人员集散场地，对于保障安全、方便公众十分重要。作为公共文化设施的设备，包括建筑设备和专用设备。建筑设备是指与房屋建筑紧密联系的设备，包括给水排水、通风空调、供热消防、照明通讯、强弱电、网络布线设备和建筑智能化系统等。专用设备是指根据公共文化设施不同功能需要配置的专用技术设备，如图书阅览设备、演出和展览设备、数字采集加工和服务设备、体育设施设备、广播电视的信号发射、传输、监控设备等。

公共文化服务保障法突破行政隶属界限，以“大文化”的观念界定公共文化设施，列举出了16种目前我国主要的公共文化设施。这16种法定公共文化设施多数为一般公众所熟知。其中，文化馆（站）的“站”，是指乡镇综合文化站，是设在乡镇的提供书报刊借阅、时政法制科普宣传、文艺演出活动、数字文化信息服务、公共文化资源配送和流动服务、体育健身和青少年校外活动等综合性服务的公共文化设施。工人文化宫、青少年宫、妇女儿童活动中心、老年人活动中心，在功能上都提供综合性的文化艺术服务，服务对象各有侧重。乡镇（街道）和村（社区）基层综合性文化服务中心，是集宣传文化、党员教育、科技普及、普法教育、体育健身等功能于一体，为基层群众提供综合性服务的公共文化设施。农家（职工）书屋是在行政村（或企业）建立的、农民（职工）自己管理的、能提供农民（职工）实用的书报刊和音像电子产品阅读视听条件的公共文化设施。公共阅报栏（屏）包括阅报栏和电子阅报屏，是在城乡公共场所设置的、为公众提供报纸阅览和其他信息服务的公共文化设施。广播电视播出传输覆盖设施指依法设立的无线、有线广播电视台、站和广播电视传输网络设施（包括广播电视信号发射设施、信号专用传输设施、信号监测设施）。公共数字文化服务点是在基层和其他公共场所设立的、向公众提供数字文化服务的公共文化设施。本条列举的16种是主要的公共文化设施，除此以外，还有一些其他设施往往也具有公共文化设施的功能，如残疾人活动中心、城乡公园和广场等。

采取列举的方法来框定公共文化设施的范围有特殊作用。首先，使原则性、概括性界定具体化。通过列举，规定清晰明确，一目了然，方便公众利用。其次，有利于厘清对某些公共文化设施性质认识的分歧。例如文化馆，在发展过程中人们对它属性的认识产生过分歧，有人认为文化馆服务是公益性的，属于公共文化设施；也有人认为文化馆服务是经营性的，应当企业化；还有人认为文化馆是半公益性半经营性的。认识的分歧往往会造成发展方向的迷失。本条的列举，实际上是以广泛深入的研究和实践为依据，对设施的公共文化服务属性做出了认定，具有法律权威性，有利于消除分歧、统一认识。

为方便公众利用，公共文化服务保障法第十四条第二款特别对公布公共文化设施目录和有关信息作了规定。公布的主体是县级以上地方人民政府，公布的内容是本行政区域内的公共文化设施目录及有关信息。根据实践经验，设施目录和有关信息一般应包括设施的名称、地址、地图、功能区位分布、主要服务项目、开放时间、联系电话、联系人、网址和微信公众号，以及服务规则、乘车线路、停车设施等。

30. 公共文化设施有什么突出特点?

根据公共文化服务保障法第十四条对公共文化设施的规定，分析一下16种公共文化设施的共性，可以看出用于提供公共文化服务的设施有三个突出特点。

第一，公共文化设施的建设主体是政府。提供公共文化服务是政府的责任，公共文化设施是政府为保障公民基本文化权益、满足公民基本文化需求而提供的公共产品，主要是由政府投资建设的。

第二，公共文化设施提供的服务是公益性的，而不是经营性的。公共文化设施提供的服务属于基本文化服务，它的形式是免费或优惠服务。一些不属于基本服务的项目可以收取一定费用，例如图书馆的文献打印和复印，文化馆的考级等艺术培训，博物馆市场化运作的展览项目等，但它们不是公共文化设施主要的服务内容和服务形式，收费是为了补偿成本，而不是营利。

第三，公共文化设施服务的对象是社会公众。有些公共文化设施如公共图书馆、文化馆、博物馆等，其服务对象是所有社会公众；有些公共文化设施如青少年宫、妇女儿童活动中心等，其服务的对象有特定范围，但依然是面向社会公众的，是特定范围的社会公众。单位内部的文化设施，如学校的图书馆和体育场馆、科研单位的图书馆、企事业单位内部的图书馆等文化设施，其服务对象是本单位人员，不是社会公众，尽管它们的服务是免费的，也不属于公共文化设施。国家鼓励单位内部的文化设施对社会开放，是要其在不影响为内部人员服务的同时，提供部分资源和时间为社会公众提供服务。

31. 政府对公共文化设施建设承担什么责任？

公共文化设施建设的责任主体是各级政府。责任主体意味着是建设主体和投资主体。政府应当鼓励社会力量参与公共文化设施建设，也可以采取政府与社会资本合作的方式建设公共文化设施，但是，政府始终是公共文化设施建设的责任主体，不能以公共文化设施建设的社会化来推卸政府的主体责任。

为明确政府公共文化设施建设的责任，公共文化服务保障法第十五条明确规定，县级以上地方人民政府应当将公共文化设施建设纳入本级城乡规划，根据国家基本公共文化服务指导标准、省级基本公共文化服务实施标准，结合当地经济社会发展水平、人口状况、环境条件、文化特色，合理确定公共文化设施的种类、数量、规模以及布局，形成场馆服务、流动服务和数字服务相结合的公共文化设施网络。具体来讲，政府在公共文化设施建设上主要承担四个方面的责任。一是将公共文化设施建设纳入本级国民经济和社会发展规划、城乡建设规划和政府投资计划；二是按照国家标准投资建设公共文化设施，形成场馆服务、流动服务和数字服务相结合的公共文化设施网络；三是指导公共文化设施开展服务，保障公共文化设施的正常运行；四是制定政策，鼓励社会参与公共文化设施建设。

32. 确定公共文化设施种类、数量、规模和布局的主要依据什么?

公共文化服务保障法第十五条对确定公共文化设施种类、数量、规模和布局的主要依据作了明确的规定。概括来讲就是依据两个标准，考虑四个因素。

两个标准，一是国家基本公共文化服务指导标准，二是省级基本公共文化服务实施标准。

国家基本公共文化服务指导标准对“硬件设施”的规定包括：县级以上（含县级）在辖区内设立公共图书馆、文化馆，乡镇（街道）设置综合文化站，在村（社区）设置综合文化服务中心；公共博物馆、公共美术馆依据国家有关标准建设；县级以上设立广播电视播出机构和广播电视发射（监测）台；县级以上设立公共体育场，乡镇（街道）和村（社区）配置群众体育活动器材设备；根据基层实际为每个县配备用于图书借阅、文艺演出、电影放映等服务的流动文化车。

国家基本公共文化服务指导标准还规定，上述设施的建设应按照国家颁布的建设标准等进行规划建设。目前国家颁布的公共文化设施建设标准有：《公共图书馆建设标准》（建标108—2008)、《文化馆建设标准》(建标136—2010)、《乡镇综合文化站建设标准》(建标160—2012)、《县级广播电视工程建设标准》(GY/T 5064—1999)、《公共体育场馆建设标准》(建标108—2008)等,《博物馆建设标准》《公共美术馆建设标准》正在制定过程中。这些建设标准规定了设施建设的原则、内容、面积指标和建设要求。

公共文化服务保障法第五条规定,省、自治区、直辖市人民政府根据国家基本公共文化服务指导标准,结合当地实际需求,制定本行政区域的基本公共文化服务实施标准。省级实施标准确定的基本公共文化服务项目和量化指标往往高于国家指导标准,所以把国家基本公共文化服务指导标准和省级基本公共文化服务实施标准同时列为公共文化设施建设的依据。

四个因素是指当地经济社会发展水平、人口状况、环境条件和文化特色。

当地经济社会发展水平是公共文化设施建设应考虑的重要因素。经济社会发展水平不同,人民群众的基本文化需求也有区别。一般来说,经济社会发展水平高的地方,公共文化设施建设的数量和规模可以高于国家和本省的建设标准。但是,应该明确,经济社会发展水平并不是公共文化设施建设的决定性因素。国家和省规定的建设标准是"兜底线"的基本标准。对于经济社会发展水平相对较低、按照国家或省级标准建设公共文化设施有困难的地区,国家和省应给予一定的扶持,使其公共文化设施建设达到国家或省级标准。

“十一五”以来，我国先后实施了一系列重点扶持项目，促进公共文化设施建设均衡发展。“十一五”乡镇综合文化站建设项目，中央财政投入39.48亿元补助全国2.67万个乡镇综合文化站建设。2008年至2010年中央财政连续三年安排乡镇文化站设备购置专项资金11.6亿元，为中西部22个省的17227个乡镇文化站配备必需的设备器材。从2009年开始，中央财政两年投入5.82亿元，对全国面积不达标的447个公共图书馆、1147个文化馆进行改扩建。2015年，文化部、国家发改委等七部委颁布了《“十三五”时期贫困地区公共文化服务体系建设规划纲要》，明确了“十三五”时期贫困地区公共文化设施建设项目。

在四个因素中，人口状况是最重要的因素。公共文化设施建设以人为本，首先应考虑服务人口状况，包括服务人口的数量、分布等，据此来确定本地区公共文化设施建设的种类、数量、规模和布局。长期以来，我国的公共文化设施大多是按照行政级别进行建设，如县级建设一个公共图书馆，面积不少于2000平方米；乡镇（街道）建设一个综合文化站，面积不少于300平方米等。但实际上不同的县人口数量是不一样的，规模小的县人口不足一万人，规模大的县人口有上百万人，同样建设2000平方米公共图书馆，显然难以适应不同的需求。再如乡镇（街道），即使人口数量十几万甚至几十万，按传统标准也只能建设一个综合文化站。在人们的印象中，似乎西部地区公共文化设施建设相对滞后，但如果按照人均占有公共文化设施面积来比较，西部地区往往高于东部和中部地区，就是以行政级别作为公共文化设施建设标准造成的。所以，单纯按照行政级别确定公共文化设施建设的种类、数量、规模和布局，显然不符合实际，也不符合公共文化服务均等化的要求，而按照服务人口的数量、分布来确定公共文化设施的种类、数量、规模和布局，符合我国的实际情况，符合公共文化服务均等化的原则，也与国际通行原则相一致。近年来我国颁布实施的公共文化设施建设标准，都明确了以服务人口为主要依据的原则。如《文化馆建设标准》规定：服务人口在250万以上的大城市设置大型文化馆，面积不少于8000平方米；50万~250万人口以上的大城市设置大型文化馆，面积6000平方米~8000平方米；20万~50万人口的中等城市以及城市中30万以上人口的区设置中型文化馆，面积4000平方米~6000平方米；5万~20万人口的小城市和城市中30万以下人口的区设置小型文化馆，面积2000平方米~4000平方米；服务人口在5万以下的设置小型文化馆，面积800平方米~2000平方米。

环境条件是指人们生产和生活的环境，是公共文化设施建设要考虑的重要因素。城区人口密集，应以场所设施建设为主。平原地区人口集中、分布比较均衡，交通便利，场所设施建设基本可以按照乡镇、村布局，并以流动文化服务作为补充。山区和海岛人口居住分散，牧区牧民流动放牧，场所设施受服务半径限制，利用率较低。因此，场所设施建设和布局要符合环境实际，有的不适宜建设场所设施，有的可以建设场所设施，但规模要适度，有的需要配置流动文化设施，有的甚至以流动服务为主要形式。

文化特色主要指的是地方特色文化。各个地区由于地理环境、区位特点、民族传统和经济发展状况不同，形成了各具特色的文化资源和特点。公共文化设施建设要考虑地方文化特色，可以建设地方特色文化资源设施（如博物馆），或在图书馆、文化馆（站）内设置特色文化展示室、阅览室、活动室等，满足地方特色文化群体需求。

33. 怎样形成公共文化设施网络?

与构建公共文化服务体系相适应，公共文化设施要形成一个互联互通的网络才能有效地发挥作用。怎样才能形成公共文化服务网络呢？公共文化服务保障法第十五条要求，公共文化服务设施建设要合理确定种类、数量、规模以及布局，形成场馆服务、流动服务和数字服务相结合的公共文化设施网络。这是公共文化设施建设形成网络体系的目标要求。

第一，合理确定公共文化设施的种类、数量、规模和布局，这是形成公共文化服务网络的基础。合理确定公共文化设施的种类，是指本区域应当建设的公共文化设施类型要科学合理、符合实际。公共文化服务保障法第十四条列举了16种公共文化设施，根据国家基本公共文化服务指导标准和省级实施标准的要求，有些是必须建设的，如县级在辖区内设立公共图书馆、文化馆、广播电视播出机构和广播电视发射

（监测）台、公共体育场，这是为保障基本公共文化服务必须建设的公共文化设施。除此以外，还应当根据本地文化特色建设相应的公共文化设施，如本地有某方面人类活动和自然环境的见证物遗址或大量遗存物的，可以建设遗址类博物馆或综合性博物馆；本地有卓越贡献的人物或重大历史事件纪念地的，可以建设纪念馆；被命名为美术类民间文化艺术之乡（如农民画之乡、剪纸之乡）的，可以建设美术馆等。合理确定公共文化设施的数量，是强调本区域每种公共文化设施的数量要科学合理、满足需求。这一要求打破了行政化的一个城市建设一个公共图书馆、一个文化馆的模式，要求依据国家标准，结合服务人口等因素，科学确定每类公共文化设施的数量。如依据《公共图书馆建设标准》，服务人口在150万以上的大城市，应设置1处~2处大型公共图书馆，每50万人口设置一处中型公共图书馆，每20万人口设置一处小型公共图书馆。合理确定公共文化设施的规模，是强调公共文化设施的建设规模要科学合理、大小适当。这一要求打破了按照行政级别确定公共文化设施规模的模式，要求根据建设标准，以服务人口为主要依据，综合考虑四个因素来确定公共文化设施的规模和面积。现行有效的公共文化设施建设标准对建设规模有具体规定，如公共图书馆，同样是县级行政区域，服务人口在3万以下的，应建设面积为800平方米的小型公共图书馆；服务人口达到10万的，应建设面积为2300平方米的小型公共图书馆；服务人口达到20万的，应建设面积为4500平方米的中型公共图书馆；服务人口达到

100 万的，应建设面积为 13500 平方米的中型公共图书馆。合理确定公共文化设施的布局，是指本区域公共文化设施的总体布局要科学合理、有效覆盖。在公共文化设施建设的种类、数量、规模和布局四要素中，布局具有宏观统领作用。所谓合理布局，应满足以下几项要求：一是根据城镇化发展趋势和城乡常住人口变化，统筹城乡公共文化设施布局，均衡配置公共文化资源。二是按照普遍均等的要求，实现公共文化设施对全体公民的全覆盖，让所有公民都能公平、便捷地利用公共文化设施。三是建立公共文化设施有效服务半径的理念，按照方便可及的原则，实现设施对所有人群的全覆盖。许多地区提出建设城市“15 分钟文化圈”，真正的含义就应该是以居民大致步行 15 分钟可到达一处公共文化设施的距离为服务半径布局公共文化设施。四是着眼于形成设施体系，即构建场所服务、流动服务和数字服务相结合的公共文化设施网络。五是合理确定公共文化设施的选址，把公共文化设施建在人口聚集、交通方便的地方，以方便公众的利用。

第二，形成场馆服务、流动服务和数字服务相结合的公共文化设施网络，这是公共文化设施网络的实现目标。目前我国公共文化设施建设最大的短板是体系化程度低。单体设施建设很现代化，但不成体系，没有互联互通，无法发挥公共文化设施的整体效能。设施布局缺乏设施有效覆盖面积和服务半径的理念，缺乏场馆服务、流动服务、数字服务设施相辅相成、互相补充的理念，无法解决公共文化服务全覆盖的问题。场馆服务、流动服务和数字服务是公共文化服务的三种主要形式。场馆服务，服务资源是固定的，服务对象是流动的，适于服务人口比较集中的地方。流动服务，服务资源是流动的，服务对象是固定的，适合于服务人口居住比较分散的偏远农村、山区、牧区和海岛地区，是场馆服务的补充和延伸。数字服务，是通过网络等现代传播手段提供数字化资源的服务，特点是远程获取利用，不受距离和资源量的限制。场馆服务、流动服务、数字服务相结合的设施网络是以场馆设施和场馆服务为依托进行建设和开展服务的。公共图书馆、文化馆（站）、博物馆等公共文化设施具有两重性，既是公共文化服务场所，又是公共文化服务机构，具有流动服务和数字服务所必需的文化资源，是流动服务和数字服务的组织者和实施者。要加强县级公共文化服务场馆设施的建设，要在场馆建设的同时，为其配备必要的流动服务和数字服务设施、设备，提高其流动服务和数字服务的能力，使其成为连接场馆服务、流动服务和数字服务网络的支点。同时，也要加强流动服务和数字服务终端的设施建设，使流动服务和数字服务进村入户，形成以场馆为节点和平台，以流动服务点和数字服务点为终端的服务网络。

34. 公共文化设施选址为什么要征求公众意见?

在公共文化服务保障法颁布之前，有关公共文化设施的选址就有原则规定。如《公共文化体育设施条例》第十一条规定，公共文化体育设施的建设选址，应当符合人口集中、交通便利的原则。《公共图书馆建设标准》要求，公共图书馆选址宜位于人口集中、交通便利、环境相对安静、符合安全和卫生及环保标准的区域。《文化馆建设标准》要求，文化馆的选址应符合所在地的城市规划、城镇规划或相关专项规划，选择在城镇文化中心或人口集中、交通便利（大城市和特大城市应为公交便利）的地区。公共文化服务保障法的突破，是第一次提出了公共文化设施的选址应当征求公众意见，既体现了公共文化服务以人民为中心的理念，又具有很强的现实针对性。

首先，公共文化服务以人为本，以满足人民群众的基本文化需求为出发点和落脚点。人民群众不仅是公共文化服务享受者，也是公共文化服务的参与者。同样，人民群众不仅是公共文化设施建设的受益者，也应当是公共文化设施建设的参与者。在公共文化设施选址上征求公众意见，是人民群众参与公共文化设施建设的一种形式。

其次，公共文化设施是公共设施，在确定基址时要以方便公众利用、多数服务对象满意为依据。事先征求公众意见，把基址选在公众满意的地点，有利于建成后真正发挥作用。

第三，公共文化设施要求建在人群聚集、位置适中、公交方便的区域，这种区域往往是“寸土寸金”地段，地方政府在土地商业价值、拆迁困难等现实问题面前，有时会做出背离公共文化设施选址规律的决定，最终导致设施建成后的闲置浪费。规定公共文化设施的选址应当征求公众意见，就是加大老百姓在设施选址上的话语权，是对落实公共文化设施选址要求的保障，也是对设施选址随意性、功利性的一种制约。

第四，许多公共文化设施都附有室外活动场地。室外活动场地广受群众欢迎，但有些室外活动也会产生扰民问题，如近年来频出的“广场舞纠纷”。公共文化设施选址事先征求公众意见，广泛听取各方面的诉求，有利于从源头上防止室外活动扰民问题的产生。

公共文化设施选址征求公众意见，应以服务对象为目标群体，特别是公共文化设施有效服务半径内的服务对象。征求意见应采取公开的方式进行。

35. 公共文化设施建设用地遵循什么主要规定?

公共文化设施建设用地主要包括公共文化设施建筑用地、室外活动和集散场地、绿化用地及停车场地。公共文化设施建设用地要遵循以下两方面的规定。

第一，要符合土地利用总体规划和城乡规划。《公共文化体育设施条例》第十四条规定，公共文化体育设施的建设预留地，由县级以上地方人民政府土地行政主管部门、城乡规划行政主管部门按照国家有关用地定额指标，纳入土地利用总体规划和城乡规划。这里涉及如下三个问题。首先，什么是公共文化设施建设预留地。《中华人民共和国土地管理法》规定，我国实行土地用途管制制度。土地用途管制制度是指国家为保证土地资源的合理利用，促进经济、社会和环境的协调发展，通过编制土地利用规划，规定土地用途，明确土地使用限制条件，实行用途变更许可的一项强制性的管理制度，核心是依据土地利用总体规划对土地用途转变实行严格控制。公共文化设施建设的预留就是根据土地用途管理制度，在规划中为公共文化设施建设用地预留的土地。第二，公共文化设施建设用地预留的标准。《公共文化体育设施条例》第十条规定，公共文化体育设施用地定额指标，由国务院土地行政主管部门、建设行政主管部门分别会同国务院文化行政主管部门、体育行政主管部门制定。《公共图书馆建设用地指标》（建标〔2008〕74 号），《文化馆建设用地指标》（建标〔2008〕128 号）已经颁布，《博物馆建设用地指标》正在制定过程中。这些建设用地指标包括选址、用地面积、建筑面积、建筑密度、容积率指标，以及室外活动场地、绿化用地和停车场地的指标，是确定公共文化设施建设预留地和审批建设用地的依据。第三，公共文化设施建设用地预留的方式。按照《公共文化体育设施条例》的规定，公共文化设施建设用地预留的方式是纳入土地利用总体规划和城乡规划。

第二，要依照法定程序审批。公共文化设施建设用地纳入土地利用总体规划和城乡规划，为公共文化设施建设保留了建设预留地。在进行公共文化设施建设时，还需要依照国土资源部关于修改《建设项目用地预审管理办法》和《建设用地审查报批管理办法》的决定（中华人民共和国国土资源部第 68、69 号令），履行建设用地的申报与审批手续。《公共文化体育设施条例》第十三条规定，建设公共文化体育设施使用国有土地的，经依法批准可以以划拨方式取得。政府出让土地一般有两种方式：划拨和出让。出让又分协议出让和拍卖出让。划拨土地的特点是获得土地使用权的单位不需要缴纳土地出让金。划拨土地的对象，主要是政府公用配套事业、教育、军事用地。划拨土地在一定时期内得不到土地使用权证，土地及地上建筑物不能上市交易。根据有关规定，以划拨方式提供国有土地使用权的，由市、县国土资源主管部门向建设单位颁发《国有土地划拨决定书》和《建设用地批准书》，依照规定办理土地登记。《国有土地划拨决定书》应当包括划拨土地面积、土地用途、土地使用条件等内容。

36. 调整公共文化设施建设用地应遵守哪些规定?

随着城市改造和城镇建设的迅速发展，因特殊情况需要调整建设用地甚至调整土地利用总体规划和城乡规划的情况经常发生。公共文化服务保障法第十六条第二款规定，因特殊情况需要调整公共文化设施建设用地的，应当重新确定建设用地。调整后的公共文化设施建设用地不得少于原有面积。

这一规定有三个要点。一是调整建设用地要按照法定程序进行。因特殊情况需要占用公共文化设施建设用地，不仅要经有关人民政府土地管理部门同意，报经原批准用地的人民政府批准，而且要求在报批前先经政府规划管理部门同意，规划部门应首先依法调整城乡规划，即在城乡规划中将公共文化设施预留地调整为其他用地，然后在城乡规划中按照有关规定，重新确定公共文化设施预留地的地段和面积。在调整城乡规划、重新确定公共文化设施预留地后，才能批准原公共文化设施预留地用于新的项目。二是重新确定的公共文化设施建设预留地不得少于原有面积，符合国家有关用地定额指标标准。三是符合公共文化设施的选址要求。总的来说，因特殊情况需要占用公共文化设施建设用地，不仅新的公共文化设施预留地的选址要符合本法关于选址的要求，而且新的公共文化设施预留地的选址地点，还应征求公众意见。

因特殊情况调整公共文化设施建设预留地，属于政府行为，这一规定是对政府行为的约束。政府行为要依法进行，遵守有关规定，遵循法定程序。

37. 为什么规定新建、改建、扩建居民住宅区要规划和建设配套的公共文化设施？

目前，新建、改建、扩建的居民住宅区越来越多。在“陌生人社会”建设住宅小区，公共文化设施显得尤为必要，它不仅是小区居民集体文化活动的场所，也有助于增强邻里和谐，营造良好的居住环境，更能孕育出良好的街区文化氛围。早在2002年，当时的建设部与文化部就联合制定下发了《关于进一步做好基层公共文化设施规划和建设工作的通知》（建规〔2002〕196号），要求新建、扩建、改建城市居民住宅区，必须按照规划要求配套建设公共文化设施，保证公共文化设施的用地并严格管理。此后，许多地区也制定了有关规定，并制定了配套文化设施的建设标准。2003 年颁布的《公共文化体育设施条例》第十五条规定，新建、改建、扩建居民住宅区，应当按照国家有关规定规划和建设相应的文化体育设施。居民住宅区规划和建设配套的文化体育设施，应当与居民住宅区的主体工程同时设计、同时施工、同时投入使用。任何单位或者个人不得擅自改变文化体育设施的建设项目和功能，不得缩小其建设规模和降低其用地指标。但是，这一规定并未得到很好贯彻执行。许多居民住宅区建成居住后，没有配套的公共文化设施，不仅居民的基本文化需求得不到保障，也影响了社区文化建设，造成了公共文化设施建设新的欠账。公共文化服务保障法第十六条第三款重申新建、改建、扩建居民住宅区应当按照有关规定、标准，规划和建设配套的公共文化设施，具有重要意义。

关于新建、改建、扩建居民区规划和建设配套的公共文化设施的有关具体标准，一般是由各地区制定，大都包含在“新建、改建、扩建居住区公共服务设施配套设置标准”之内。各地在贯彻落实本条规定时，应参照本地区的有关标准执行。

38. 设计和建设公共文化设施应遵循哪些基本原则?

公共文化服务保障法第十七条规定，公共文化设施的设计和建设，应当符合实用、安全、科学、美观、环保、节约的要求和国家规定的标准，并配置无障碍设施设备。

实用，包括服务者实用和服务对象实用，是公共文化设施设计和建设最优先考虑的原则。服务者实用，是指公共文化设施设计和建筑要符合该设施功能的要求，便于内部功能用房的布局和安排，便于服务的开展。服务对象实用，是指方便公众利用。如公共文化设施不同功能用房之间联系比较密切；适应公共文化设施人流量大的特点，建筑尽量采用水平联系而不是垂直联系；向公众开放的公共空间一般不宜采用高层等。再如，公众的文化需求和公共文化服务的模式在不断变化，公共文化设施建筑在设计时应充分考虑这些变化，强调空间使用的灵活性，空间环境的复合性，能够根据公众需求的变化灵活地调整功能用房。公共文化设施可以建成标志性建筑，但是不能为了标志性而影响实用，在实用与外形设计发生矛盾时，必须优先考虑实用。

安全，是公共文化设施建设必须要保证的原则。公共文化设施是人员集中活动的场所，人流量大、停留时间长，保障公众的安全是第一位的。安全，包括交通流线的组织、抗震级别和消防设计等。公共文化设施的交通流线组织应畅通便捷，主要出入口人车分流，标识清晰，科学组织人流、物流和交通流线。要设计应对突发事件的安全疏散路线。公共文化设施抗震设防应按现行有效的《建筑工程抗震设防分类标准》（GB 50223—2008）中有关一般性公共建筑的抗震规定执行，人员相对集中的用房，抗震设防类别应划为重点设防类。公共文化设施消防设计耐火等级不应低于现行有效的《建筑设计防火规范》（GB 50016—192014）和《高层民用建筑设计防火规范》（GB 50045—1995）规定的二级耐火要求。

科学，包括建筑设计和公共文化设施功能设计的科学化。当代建筑无论是从技术体系、功能体系、思想体系均与现代科技有着紧密的联系。公共文化设施的设计与建筑要引入科学的设计理念，使用新技术、新材料。但是，要注意这些设计理念、新技术、新材料的科学性、实用性与可操作性，要以实用、安全、环保、节约为落脚点采用新的建筑科技成果。随着数字技术的飞速发展，公共文化设施与现代数字技术相融合，数字图书馆、数字文化馆、数字博物馆等已经成为公共文化设施建设新的要求。公共文化设施设计和建设由主干网、局域网、信息点组成的网络系统，安排计算机和网络设备的中心机房，以及数据加工、网络维护管理的专门空间，配备数字设备，使建成后的公共文化设施具备提供数字资源、网络服务的能力，是公共文化设施设计和建设科学化的必然要求。

美观，是对公共文化设施建筑特色的要求。公共文化设施应是具有中国文化特色的公共设施，外观、室外环境以及室内环境设计，均应体现公共文化建筑的特色，亲切、活泼、简洁、大方。同时，不同地区特别是少数民族地区的公共文化设施，应充分体现地方建筑风格和文化特色，使建筑更具地方特色和文化气质，更受当地群众喜爱。

环保、节约，是公共文化设施体现绿色发展理念的要求。公共文化设施是文化的载体、文明的标志，应充分体现以人为本、建设节约型社会的绿色发展理念，关注公众健康，减少能源消耗。如坚持以自然通风和自然采光为主，充分利用自然资源，节约能源；根据功能需求优化平面布局，做好动静分区；采用适当隔音降噪措施，保证各项功能用房的允许噪声级都满足有关技术标准的控制要求，降低交通噪声、生活噪声、工厂生产及施工噪声等对公众活动的影响等。室内环境、建筑热工和暖通空调设计，是公共文化设施建筑节能设计的三个主要方面，应按照《公共建筑节能设计标准》（GB 50189—2015）及其他有关环境保护的规范和规定，做好公共文化设施的环保和节能设计。

配置无障碍设施设备，是公共文化设施对残疾人、老年人等特殊群体关怀的具体体现，是社会走向文明的标志。《公共文化体育设施条例》第十二条就规定，公共文化体育设施的设计，应采取无障碍措施，方便残疾人使用。此后陆续颁布的《公共图书馆建设标准》《公共图书馆建筑设计规范》《文化馆建设标准》《文化馆建筑设计规范》等，也对公共图书馆、文化馆的无障碍设计和建设做出了具体规定。《城市道路和建筑物无障碍设计规范》（JGJ 50—2001），是现行有效的城市建筑物无障碍设施设备规划与配置标准。公共文化服务保障法有关配置无障碍设施设备的规定，与现行有效的相关法律法规实现了对接。

39. 公共文化设施建设的国家标准目前主要有哪些?

公共文化设施建设应当以国家颁布实施的公共文化服务设施建设标准以及其他相关标准为依据。目前国家颁布实施的公共文化设施建设标准主要有：《公共图书馆建设用地指标》（建标〔2008〕74 号）、《文化馆建设用地指标》（建标〔2008〕128 号）、《公共图书馆建设标准》（建标 108—2008）、《文化馆建设标准》（建标 136—2010）、《乡镇综合文化站建设标准》（建标 160—2012）、《县级广播电视工程建设标准》（GY/T 5064—1999）、《公共体育场馆建设标准》（建标 108—2008），以及《公共图书馆建筑设计规范》（JGJ 38—2015）、《文化馆建筑设计规范》（JGJ/T 41—2014）、《博物馆建筑设计规范》（JGJ 66—2015）等。还有正在制定的《博物馆建设标准》《公共美术馆建设标准》。

公共文化设施建设涉及的相关标准很多，主要有《建筑工程抗震设防分类标准》（GB 50223—2008）、《建筑设计防火规范》和《高层民用建筑设计防火规范》（GB 50045—1995）、《城市道路和建筑物无障碍设计规范》（JGJ50—2001）、《公共建筑节能设计标准》（GB 50189—2015）等。

40. 什么是基层综合性文化服务中心？

基层综合性文化服务中心是在乡镇（街道）和村（社区）设置的，集宣传文化、党员教育、科技普及、普法教育、体育健身等多功能于一体的公共文化设施。

基层综合性文化服务中心的功能是综合性的。它承担公共文化服务的功能，包括开展文艺演出、读书看报、广播电视、电影放映、文体活动、展览展示、教育培训等文化体育服务活动；围绕新时期党和国家的重大改革措施及惠民政策，开展基层宣传教育；加强思想政治工作、开展党员教育；开展科技普及和法治宣传教育等。同时，当地党委和政府可以根据实际条件，赋予它其他职责任务，如开展就业社保、养老助残、妇儿关爱、人口管理、就业技能培训等其他公共服务和社会管理工作，实行一站式综合服务。

41. 加强基层综合性文化服务中心设施建设主要采用哪些方式？

基层综合性文化服务中心建设，既要加大建设力度，又要采取新的方式。公共文化服务保障法第十八条规定，地方各级人民政府可以采取新建、改建、扩建、合建、租赁、利用现有公共设施等多种方式，加强乡镇（街道）、村（社区）基层综合性文化服务中心建设。体现的思想是，不搞大拆大建，主要采取盘活存量、调整置换、集中利用等方式进行建设；在摸清情况、盘活存量的基础上，有针对性地进行新建、改建、扩建、合建。凡现有设施能够满足基本需求的，一律不再进行改扩建和新建。乡镇（街道）综合性文化设施重在完善、补缺和达标，少数尚未建成的进行集中建设。村（社区）综合性文化服务中心主要依托村（社区）党组织活动场所、城乡社区综合服务设施、文化活动室、闲置中小学校、新建住宅小区公共服务配套设施以及其他城乡综合公共服务设施，在明确产权归属、保证服务接续的基础上进行集合建设，配备相应器材设备。适应农村、基层群众文化活动的需求，基层综合性文化服务中心要配套建设文体广场，配置阅报栏或电子阅报屏、公益广告牌，配备体育健身设施和灯光音响设备等，有条件的可搭建戏台舞台。鼓励支持企业、社会组织和其他社会力量，通过直接投资、捐助设备，以及采取公益创投、公益众筹等方式，参与基层综合性文化服务中心建设。这方面各地已经涌现出不少成功的做法，如有的地区利用中小学校腾退校舍，整合教育、文化资源，建设基层综合性文化服务中心；有的地区将农村家族祠堂改建成“文化礼堂”；有的地区通过“能人”带动，筹资建设“乡村舞台”等。

42. 为什么要推动基层有关公共设施统一管理、综合利用?

公共文化服务保障法第十八条规定，地方人民政府要推动基层有关公共设施的统一管理、综合利用，并保障其正常运行。基层综合性文化服务中心之所以实行“统一管理、综合利用”的原则，是由其功能和特点决定的。基层综合性文化服务中心是集宣传文化、党员教育、科技普及、普法教育、体育健身等多种功能于一体的公共文化设施，同时还根据实际条件，开展就业社保、养老助残、妇儿关爱、人口管理、就业技能培训等其他公共服务和社会管理工作。由于基层综合性文化服务中心功能的综合性，涉及许多系统和部门，上面千条线，下面一根针，必须实行统一管理、综合利用，才能有效避免条块分割、重复建设的弊端，从而最大限度地整合资源，提高综合服务效能。

根据各地的实践经验，基层综合性文化服务中心要在统一管理、综合利用上取得成效，以下几点应给予重视。一是建立统筹协调机制。县（市、区）人民政府要承担起管理主体责任，进行统筹协调；宣传文化部门要发挥牵头作用，协调指导；各相关部门应立足职责、分工合作；乡镇（街道）人民政府（办事处）负责日常管理，并指导村（社区）综合文化服务中心开展工作。二是加强资源整合。要整合各级各类面向基层的公共文化资源，发挥基层综合性文化服务中心的终端平台优势，推动分布在不同部门、分散孤立、用途单一的基层公共文化资源通过中心进行整合，实现人、财、物的统筹使用。三是完善综合性文化服务中心基本服务项目目录制度。《国务院办公厅关于推进基层综合性文化服务中心建设的指导意见》（国办发〔2015〕74 号）要求，要按照《国家基本公共文化服务指导标准》和各地实施标准，由县级人民政府结合政府财政能力和群众文化需求，制定本地基层综合性文化服务中心基本服务项目目录。各系统对基层的各项服务内容和服务要求，要统一纳入基层综合性文化服务中心基本服务项目目录。

43. 公共文化设施建设、管理和运行的禁止性规定主要有哪些？

公共文化服务保障法第十九条规定了公共文化设施建设、

管理和运行的禁止性行为，主要有四项：第一，任何单位和个人不得擅自拆除公共文化设施；第二，任何单位和个人不得擅自改变公共文化设施的功能、用途或者妨碍其正常运行；第三，任何单位和个人不得侵占、挪用公共文化设施；第四，任何单位和个人不得将公共文化设施用于与公共文化服务无关的商业经营活动。

任何单位和个人不得擅自拆除公共文化设施，以及不得擅自改变公共文化设施的功能、用途或者妨碍其正常运行，这是对公共文化设施使用方面的保护。拆除公共文化设施或改变公共文化设施的功能、用途，必须同时符合两个必备条件，一是城乡建设确需，二是遵守有关法律法规的规定，遵循法定程序。不遵守有关法律法规的规定，不依照法定程序拆除公共文化设施或改变其功能、用途，不管是否属于因城乡建设确需，都属于“擅自”行为，都应被禁止。

关于不得侵占、挪用公共文化设施，其中侵占是指公民、法人或其他组织未经合法批准，利用便利条件，将公共文化设施占为己有。侵占的对象是公共文化设施，侵占所侵害的客体是公共文化设施的所有权。挪用，是指公民、法人或其他组织未经合法批准，利用便利条件，将公共文化设施挪作其他用途，但准备日后退还。挪用的对象是公共文化设施，挪用所侵害的客体是公众对公共文化设施的使用权。侵占和挪用的区别在于，侵占涉及所有权，挪用涉及使用权。所谓利用便利条件，是指利用在职务上主管、经管、调配、使用或经手的方便条件。侵占和挪用的对象包括公共文化设施的建设物、场地和设备。

关于不得将公共文化设施用于与公共文化服务无关的商业经营活动，需要注意两个要点。一是“无关”的概念。公共文化设施具有公益性，以开展公共文化服务为基本宗旨，以提供基本公共文化服务为主要内容，以免费和优惠服务为主要形式。同时，公共文化设施也可以采取有偿服务和商业经营形式提供一些非基本公共文化服务，不过这些通过有偿服务或商业经营形式提供的服务，应是与公共文化服务有关联的项目，属于基本公共文化服务的延伸与扩展，与基本公共文化服务有内在的关联。例如公共图书馆的文献打印、复印和图书销售，都是阅览服务的延伸与扩展。再如文化馆的考级培训，它是针对个体的、特殊的需求开展的，是文化馆艺术普及辅导和培训的延伸和扩展。又如博物馆通过商业化运作利用馆外资源的展览项目，是馆内展览展示服务的延伸和扩展。公共文化设施利用附属的剧场、音乐厅、电影厅等开展的经营活动，属于设施服务的延伸。公共文化设施中的轻食和饮料销售，开设餐厅、咖啡厅等，是为了满足服务对象在利用设施过程中的个性化需求，也是与公共文化服务有关的延伸与扩展。所以，对本条中所说的“无关”，不能简单、机械地理解。二是不得以营利为目的。具体表现是，首先，要求公共文化设施开展的商业经营活动项目和范围与公共文化服务的基本功能密切相关，商业经营活动的规模与公共文化服务的实际需要相适应；其次，不得违反和削弱公共文化服务的宗旨和功能；再次，商业经营活动的收费以开展该项服务的合理支出为限度，不以营利为目的，更不是谋求公共文化机构或管理人员自身的利益。

在现实中，以上四种行为都不同程度出现过。如政府机关占用公共文化设施的部分用房作为机关办公用房，公共文化设施建成后出卖或出租用于商业经营，将公共文化设施的门面房出租或自行开商店，利用公共文化设施开展展销活动，因城乡开发擅自拆除公共文化设施并迟迟不予重建，或者重建后的公共文化设施位置偏远、规模缩小等。本条就是针对这些问题而制定的。由于公共文化设施是政府建设和管理的，上述行为大都发生在政府或政府负责人身上，或者是发生在公共文化设施管理者身上，所以，本条规定主要是约束政府、政府负责人和公共文化设施管理者的，目的是保障公民正常使用公共文化设施的权利，保障公民享受基本公共文化服务的权益。

44. 拆除公共文化设施或改变其功能用途应遵守哪些规定?

由于经济社会发展的需要，城乡建设过程中拆除公共文化设施，或者改变其功能、用途的情况也经常发生。拆除公共文化设施或改变其功能、用途，必须符合两个必备条件，一是要符合“城乡建设确需”这一基本前提，除此以外，其他原因都不能成为拆除或改变功能、用途的依据；二是要遵守有关法律法规的规定，遵循法定程序。

公共文化服务保障法第十九条第二款明确了拆除公共文化设施，或改变其功能、用途的三项原则。第一，应当依照有关法律、行政法规的规定重建、改建。根据《公共文化体育设施条例》的规定，决定重建、改建的程序要求是：（1）有关地方人民政府在作出决定前，应当组织专家论证，并征得上一级人民政府文化行政主管部门、体育行政主管部门同意，报上一级人民政府批准。（2）涉及大型公共文化设施的，上一级人民政府在批准前，应当举行听证会，听取公众意见。第二，坚持先建设后拆除或者建设拆除同时进行的原则。目的是保持公共文化服务的连续性，保证公共文化服务不受或尽可能少受重建、改建的影响。根据《公共文化体育设施条例》规定，迁建所需费用由造成迁建的单位承担。第三，重建、改建的公共文化设施的设施配置标准、建筑面积等不得降低。《公共文化体育设施条例》规定，经批准拆除公共文化体育设施或者改变其功能、用途的，应当依照国家有关法律、行政法规的规定择地重建。重新建设的公共文化体育设施，应当符合规划要求，一般不得小于原有规模。这一规定有三点不足：一是“一般”原则，为重建、改建降低公共文化设施规模开了口子；二是不得小于“原有规模”，有些公共文化设施原有的规模、面积就没有达到国家规定的建设标准，重建、改建不得小于原有规模，依然没有达到国家规定的建设标准；三是只提到建设规模，即建筑面积，没有提到设施配置。本条款规定重建、改建的公共文化设施的设施配置标准、建筑面积等不得降低，含义是既不得降低设施配置标准，也不得降低建筑面积标准，既不能低于原有建设规模，也不能低于国家建设标准，是对《公共文化体育设施条例》

规定的补充和完善。

45. 什么是公共文化设施管理单位？

公共文化设施建成后，需要有专业的机构进行维护、运营和管理。公共文化设施管理单位，就是负责公共文化设施维护、运营和管理的单位的统称。根据《公共文化体育设施条例》第二条规定，公共文化设施管理单位，是指负责公共文化设施的维护，为公众开展文化活动提供服务的社会公共文化机构。

公共文化设施管理单位的设立有两种情况：一种情况是为需要管理的公共文化设施设立专门的管理单位，其特点是这类管理单位的名称中均含有其所管理的公共文化设施的名称。如各地独立设置的图书馆、文化馆（站）、博物馆、美术馆、科技馆、纪念馆、体育场（馆）、工人文化宫、青少年宫、妇女儿童活动中心、街道（乡镇）文化服务中心等；另一种情况是不设立专门的管理单位，而是由相关单位行使管理职能。农家（职工）书屋、城乡阅报栏（屏）、公共数字文化服务点等，均属于这种情况。

此外，特别需要指出的是，公共文化设施的运营和管理已列入政府向社会力量购买公共文化服务指导目录。可以预见，随着公共文化服务社会化发展，越来越多的公共文化设施将委托社会力量进行运营和管理。在这种情况下，作为政府购买公共文化服务承接主体的社会力量，也将会加入公共文化设施管理单位的行列。

46. 公共文化设施管理单位承担什么管理责任？

公共文化设施的良好安全运行和服务效能提升，不仅仅在于公共文化设施的硬件配置的先进与否，更在于公共文化设施的日常维护、管理和运营的水平和能力的高低。从某种意义上说，公共文化设施管理单位管理公共文化设施的能力和水平，是决定公共文化设施能否持续、安全运行并不断提升服务效能的关键因素。公共文化服务保障法第二十条、第二十一条、第二十二条，分别从配置和更新必需的服务内容和设备、必须建立的管理制度两个层面，规定了公共文化设施管理单位所承担的管理责任。

首先是配置和更新必需的服务内容和设备。公共文化服务保障法第二十条规定，公共文化设施管理单位应当按照国家规定的标准，配置和更新必需的服务内容和设备，保障公共文化设施的正常使用和运转。配置和更新必需的服务内容和设备，是公共文化设施正常使用和运转的前提基础和条件。本条明确规定，公共文化设施管理单位配置和更新必需的服务内容和设备，应当按照国家规定的标准。但是，并没有具体指明这些“国家规定的标准”究竟包括哪些。国家规定的标准，并不是严格意义上的“国家标准”（代号冠以 GB 和 GB/T 的）。因此，本条所指的“国家规定的标准”，应该既包括严格意义上的国家标准，也包括国务院，以及国务院公共文化服务主管部门独立或联合制定的关于公共文化设施的各类全国统一标准。这些标准，大体上可以分为三类：第一类是建设标准，包括《公共图书馆建设用地指标》《公共图书馆建设标准》《文化馆用地指标》《文化馆建设标准》等。第二类是服务标准，包括《公共图书馆服务规范》《国家基本公共文化服务指导标准（2015—2020 年）》等。第三类是评估标准，包括文化部制定的各级公共图书馆、文化馆评估定级标准等。

关于配置和更新的具体内容，本条明确规定了两类：第一类是配置和更新必需的服务内容。以公共图书馆为例，按《公共图书馆服务规范》的规定，公共图书馆应提供基本服务、流动服务、远程服务、个性化服务、总分馆服务，为此，必须有与开展服务相适应的、数量和结构合理的文献资源、人力资源等。公共图书馆应保证服务项目的齐全，配置相应的文献资源和人力资源等，并保证文献资源按规律更新。第二类是配置和更新必需的设备。以文化馆为例，按照《文化馆建设标准》的规定，文化馆应配置和更新的设备包括两类：一是建筑设备，如给水排水系统及设备、电气系统及设备、暖通空调系统及设备等；二是文化馆开展业务必需的服务设备，如网络与通信系统及设备、舞台演出及展览设备等。就公共文化设施而言，配置和更新必需的建筑设备是实现功能的必要条件，配置和更新必要的服务设备才是实现功能的充要条件。

其次是公共文化设施日常运营、管理和安全运行的管理责任。公共文化服务保障法第二十一条规定，公共文化设施管理单位应当建立健全管理制度和服务规范，建立公共文化设施资产统计报告制度和公共文化服务开展情况的年报制度。规定了公共文化设施管理单位日常运营和管理三项基本制度。一是管理制度和服务规范。这是公共文化设施日常运行的制度基础和开展服务的基本遵循。管理制度主要包括人、财、物、使用和安全管理等方面的制度；服务规范有国家标准的，应该执行国家标准，如《公共图书馆服务规范》等，没有国家标准的，应参照相关标准，根据其功能定位，确定服务规范。二是资产统计报告制度。根据《事业单位国有资产管理暂行办法》（财政部令第 36 号）规定，公共文化设施管理单位负责对公共文化设施占有、使用的国有资产实施具体管理。公共文化设施资产统计报告制度，是其国有资产管理的重要组成部分，也是其财务会计报告的重要组成部分。按照上述办法的要求，公共文化设施资产统计报告制度应包括两部分：第一，及时将资产变动信息录入管理信息系统，对本单位资产实行动态管理管理；第二，应当按照财政部门规定的事业单位财务会计报告的格式、内容及要求，对其占有、使用的国有资产状况定期做出报告。三是年报制度。公共文化设施管理单位汇总、编制、公开所管理的公共文化设施公共文化服务开展情况的年度报告，是完善公共文化设施管理单位内部管理、提升运营管理能力、接受公众监督、促进公共文化设施效能提高的重要工具。

保障公共文化设施和公众活动安全，是公共文化设施管理单位履行公共文化设施管理职能的最“底线”的要求。因此，公共文化服务保障法第二十二条规定，公共文化设施管理单位应当建立健全安全管理制度，开展公共文化设施及公众活动的安全评价，依法配备安全保护设备和人员，保障公共文化设施和公众活动安全。法律要求的安全管理制度主要包括两大部分：一是关于日常运转的安全管理制度，包括消防安全、人员安全、设施设备安全（数据、计算机网络系统安全）等方面的制度；二是应急预案制度，主要是制定针对各类突发事件的应急预案。安全管理制度是保障公共文化设施和公众活动安全的制度基础，定期开展安全评价，则是预防和防止安全事故发生的基本工具。本条关于安全评价的规定包括两个方面：一是对公共文化设施的安全评价，主要是关于公共文化设施安全现状的评价，也就是说，对公共文化设施使用和运转过程中可能存在的各种影响建筑物、人员和设施设备安全的风险进行排查和分析，判断其发生的可能性及危害等级，提出有针对性的解决方案和防范措施。二是对公众活动的安全评价，主要是活动前进行的预评价，也就是对大规模公众活动的各种可能存在的安全风险进行排查和分析，判断其发生的可能性及危害程度，提出有针对性的解决方案、防范措施和应急预案。虽然本条并没有规定公共文化设施管理单位应当定期开展安全评价，但是，为了切实保障公共文化设施和公众活动安全，防患于未然，公共文化设施管理单位应当定期开展安全评价，并根据不同设施和活动的安全实际，开发和运用行之有效的科学的安全评价方法。为了保障公共文化设施和公众活动安全，公共文化设施管理单位必须依法配备安全保护设备和人员。这里所说的“依法”之法，主要包括《中华人民共和国消防法》《中华人民共和国网络安全法》等法律。要求配备的安全保护设备，如消防安全保护设备，包括按照国家标准、行业标准配置消防设施、器材等；要求配备的安全保护人员，如保安人员以及其他安全保护人员。

47. 如何建立公共文化设施资产统计报告制度?

根据《事业单位国有资产管理暂行办法》（财政部令第36号）规定，公共文化设施管理单位负责对公共文化设施占有、使用的国有资产实施具体管理。为了了解掌握公共文化设施资产占有和使用现状，合理配置和有效利用公共文化设施资产，建立适应现代公共文化服务体系要求的公共文化设施资产管理体制，公共文化服务保障法第二十一条规定，公共文化设施管理单位应当建立公共文化设施资产统计报告制度。

目前，我国大多数的公共文化设施管理单位为事业单位，因此，建立公共文化设施资产统计报告制度，应该依据《事业单位国有资产管理暂行办法》。但是，考虑到公共文化设施运营的特点，特别是基层公共文化设施社会力量运营和管理的发展趋势，建立公共文化设施资产统计报告制度，还应参照《企业国有资产统计报告办法》（国务院国有资产监督管理委员会令第4号）。

公共文化设施资产统计报告制度，是其国有资产管理的重要组成部分，也是其财务会计报告的重要组成部分。公共文化设施资产统计报告，是按照财政部门规定的事业单位财务会计报告的格式、内容及要求，编制上报的反映年度会计期间公共文化设施资产占有、使用现状等资产营运基本情况的文件。报告的格式和填报要求，应该统一；报告应该采用年报形式；报告的内容应该包括两部分：一是按照财务会计报告的格式、内容及要求填报的公共文化设施资产报表；二是公共文化设施资产营运分析报告，包括资产总量与配置结构、资产增减变动情况及其原因分析、资产质量与经营情况分析等。

公共文化设施资产统计报告制度的基础，应该按照国有资产管理信息化的要求，及时将资产变动信息录入管理信息系统，对公共文化设施资产实行动态管理。公共文化设施资产统计报告的编报规范，还应遵守和履行《行政事业单位资产清查核实管理办法》（财资〔2016〕1号）的相关规定和要求。公共文化设施资产统计报告，应该成为主管部门、财政部门编制和安排公共文化设施管理单位预算的重要参考依据。各级财政部门、主管部门应当充分利用资产管理信息系统和资产信息报告，全面、动态地掌握公共文化设施管理单位国有资产占有、使用状况，建立和完善资产与预算有效结合的激励和约束机制。

48. 为什么要建立公共文化服务开展情况的年报制度?

年报是公共文化机构反映年度服务、管理、运行状况的公开出版物。公共文化设施管理单位建立公共文化服务开展情况年报制度，是国际上较为的通行做法，体现的是公共文化机构对纳税人的负责精神。公共文化服务保障法第二十一条规定，公共文化设施管理单位建立反映服务开展情况的年报制度，既是对国际经验的借鉴，也是我国公共文化设施管理经验的科学总结，对完善公共文化设施管理单位内部管理、接受公众监督、提升运营管理能力、提高服务效能具有积极的促进作用。

公共文化设施管理单位建立公共文化服务开展情况的年报制度，首先，应充分认识年报制度的重要意义，提高工作的积极性和主动性；其次，夯实年报制度的实施基础，即运用信息管理系统，及时、准确、全面、客观地记录公共文化服务开展情况；第三，建立年报形成过程的多主体参与机制，使年报的形成过程能够全面反映各参与者的意见和满意度，提高年报的针对性和客观性；第四，年报内容要体现问题导向，关注公众和其他利益相关者关心的问题，既要有客观反映公共文化服务开展情况的翔实的数据信息，也要有取得成就特别是存在问题的科学分析，还要有能够反映针对突出问题的解决方案及其取得效果的资料和信息；最后，年报应向社会公众公开发布。

目前我国公共文化设施管理单位编制、公开公共文化服务开展情况年度报告的还不普遍，公共文化服务保障法建立的年报制度，给公共文化设施管理单位提出了新的法定任务，是我国公共文化服务法律制度逐步走向完善的标志。

49. 为什么要建立有公众参与的公共文化设施使用效能考核评价制度？

公共文化设施使用效能的高低，体现了公共文化设施运营和管理水平的高低，更关系到公共文化设施的作用是否得到有效发挥。在公共文化设施历史欠账是主要矛盾的情况下，重建设、轻管理成为一个普遍存在的问题。政府部门对公共文化设施粗放式的管理方式，也影响了公共文化设施使用效能的提高。在这一背景下，公共文化服务保障法第二十三条规定各级人民政府应当建立有公众参与的公共文化设施使用效能考核评价制度，具有现实针对性。法律规定的公众参与的公共文化设施使用效能考核评价制度包括两个要点：第一，规定了这一考核评价制度的建立主体，是各级人民政府；第二，规定了这一考核评价制度必须有公众参与。

建立有公众参与的公共文化设施使用效能考核评价制度的重要意义，首先，是为了客观衡量公共文化设施的使用效能。各级人民政府客观地了解和掌握公共文化设施的使用效能，是履行政府公共文化服务职能的需要。使用效能考核评价制度的核心，是需要建立一套相对科学的反映公共文化设施使用效能的指标体系。运用这样的指标体系得出的关于公共文化设施使用效能的评价结果，具有相对的客观性。其次，建立有公众参与的公共文化设施使用效能考核评价制度，是为了诊断影响公共文化设施使用效能的制约因素。了解、分析和诊断影响公共文化设施使用效能提高的制约因素，是各级政府调整关于公共文化设施管理的相关政策、改进和提高公共文化设施使用效能的基础和依据。再次，建立有公众参与的公共文化设施使用效能考核评价制度，是为了切实提高公共文化设施的使用效能。科学的考核评价指标体系，不仅能够客观衡量和反映公共文化设施的使用效能，而且具有促进发展的功能。之所以要规定考核评价制度必须有公众参与，主要的目的是促进公共文化设施管理单位关注、反映和研究公众的需求、意见和建议，牢固树立以人民为中心的工作导向，努力形成有效的公众公共文化需求表达机制，以提高公共文化服务的针对性和有效性。

50. 怎样有效利用公共文化设施效能考核评价结果？

考核评价从目的性来看，可以分为两种类型：一种是奖惩性考核评价，主要目的是区分考核评价客体的等级，以此作为奖励和惩罚的标准、依据；另一种是发展性考核评价，主要目的是发现问题，找出解决问题的方向，促进发展。从公共文化服务保障法第二十三条的规定来看，要求各级人民政府建立的有公众参与的公共文化设施使用效能考核评价制度，本质上是一种发展性的考核评价。因此，在考核评价制度的总体设计上，必须充分考虑“发展性”的本质特点；在考核评价指标体系的构建和指标筛选时，必须注重那些能够反映公共文化设施使用效能的影响指标，以及反映服务对象需求和满意度的指标。同时，发展性评价的本质要求是评价结果的有效利用。正因为如此，公共文化服务保障法第二十三条规定，公共文化设施管理单位应当根据评价结果改进工作，提高服务质量。

公共文化设施管理单位要有效利用考核评价结果，首先必须对开和评价结果进行认真分析和研究，并对照内部掌握的实际情况，判断考核评价结果的客观性和准确性。其次，根据考核评价的诊断性，从对考核评价结果的分析和研究中，找出影响本单位所管理的公共文化设施使用效能的制约因素，确定其中的短板因素。最后，根据考核评价结果的发展性，进一步确定提高使用效能的方向，制定有针对性的补短板或改进的措施。

51. 什么是公共文化设施管理单位的法人治理结构?

法人治理结构是指由利益相关方共同参与治理的组织架构和运行机制。法人治理结构源于公司企业，是现代企业制度中最重要的组织架构，涉及企业内部股东、董事、监事、经理间的关系，以及企业与利益相关者之间的关系。公共文化机构的法人治理结构和公司企业的法人治理结构原理上相通，形式上相近，但也有区别。首先，公司企业的根本目标是实现利润最大化，法人治理结构主要规范股东之间以及股东和经理等利益相关者之间的关系，而公共文化机构的根本目的是不断满足人民群众的文化需求，法人治理结构主要平衡政府和事业单位、事业单位和公众之间的关系，目的在于激发内部活力，高效能地实现公益目标。其次，公司企业的理事会决策突出财产和资本的决定性作用，而公共文化机构理事会决策强调利益相关方的协商共治，淡化财产资本作用，突出公共利益和公益目标。

按照一般原理，法人治理结构的组织架构由理事会和管理层构成。理事会是决策层的组织形式，是决策和监督机构。管理层是理事会的执行机构，主要职责是按照理事会的决策，独立自主地行使日常业务管理权、财务资产管理权和工作人员管理权。法人治理结构要求管理和运营实现“章程化”。章程是法人治理结构的制度载体。组建理事会、搭建管理层、制定机构章程，是公共文化设施建立法人治理结构的重要任务。

2011 年，国务院办公厅发布《关于建立和完善事业单位法人治理结构的意见》（国办发〔2011〕37 号），提出了建立和完善事业单位法人治理结构的原则要求。一是明确事业单位决策层的决策地位，把行政主管部门对事业单位的具体管理职责交给决策层，进一步激发事业单位活力。决策监督层的主要组织形式是理事会，也可探索董事会、管委会等多种形式。理事会依照法律法规、国家有关政策和本单位章程开展工作，接受政府监管和社会监督。该意见还对理事会的职责、构成、理事产生方式、理事的权利义务等提出了明确要求。同时指出，事业单位也可探索单独设立监事会，负责监督事业单位财务和理事、管理层人员履行职责的情况。二是管理层作为理事会的执行机构，由事业单位行政负责人及其他主要管理人员组成。该意见对管理层的职责、事业单位行政负责人和其他主要管理人员的任命和提名，提出了明确要求。三是事业单位章程是法人治理结构的制度载体和理事会、管理层的运行规则，也是有关部门对事业单位进行监管的重要依据。该意见对事业单位章程的内容及合法性程序提出了明确要求。

52. 社会力量参与公共文化设施建设有哪些主要方式和鼓励支持政策?

公共文化服务保障法关于社会力量在公共文化服务中的角色定位，是与政府的角色定位相对应的，政府是“主导”，而社会力量是“参与”。社会力量广泛而深度参与，是公共文化服务改革发展的重要内容和方向，也是现代公共文化服务体系的重要特征。社会力量参与公共文化设施建设，是社会力量参与公共文化服务的重要方面。因此，公共文化服务保障法第二十五条规定，国家鼓励和支持公民、法人和其他组织兴建、捐建或者与政府部门合作建设公共文化设施。

社会力量参与公共文化设施建设的主要方式有三种：兴建、捐建或者与政府部门合作建设。

兴建，主要指社会力量出资建设公共文化设施的方式。在兴建方式中，社会力量参与，主要表现为社会力量成为公共文化设施的建设主体。作为社会力量的公民、法人和其他组织成为建设主体的模式，可以是独立出资，也可以是联合出资。社会力量拥有兴建的公共文化设施的产权。

捐建，主要指社会力量捐助或捐赠建设公共文化设施的方式。在捐建方式中，社会力量参与主要表现为社会力量成为公共文化设施建设的捐助或捐赠者，而不是建设主体。作为社会力量的公民、法人和其他组织成为公共文化设施捐助或捐赠者，可以捐款（部分或全部资金）、捐物或捐力（如提供设计、施工、安装服务）等多种方式，为公共文化设施建设提供人、财、物支持。社会力量不要求拥有捐建公共文化设施的产权。

公民、法人和其他组织与政府部门合作建设公共文化设施，就是通常所说的政府和社会资本合作（PPP）模式在公共文化设施建设领域中的应用。根据《国家发展改革委关于开展政府和社会资本合作的指导意见》（发改投资〔2014〕2724 号），政府和社会资本合作模式是指政府为增强公共产品和服务供给能力、提高供给效率，通过特许经营、购买服务、股权合作等方式，与社会资本建立的利益共享、风险分担及长期合作关系。在公共文化设施建设领域推广 PPP 项目，是切实解决公共文化设施不达标问题的有效措施。但是，由于公共文化设施属于非经营性项目，缺乏“使用者付费”基础、主要依靠“政府付费”回收投资成本，因此上述指导意见建议，“可通过政府购买服务，采用建设—拥有—运营（BOO）、委托运营等市场化模式推进。”同时，“依法依规为准经营性、非经营性项目配置土地、物业、广告等经营资源，为稳定投资回报、吸引社会投资创造条件。”

对于社会力量参与公共文化设施建设的鼓励支持政策，本法虽然没有明确规定，但是首先，给出了鼓励和支持的政策基调，这就为未来国家或地方出台相应的鼓励和支持政策提供了法律依据。其次，对于参与公共文化设施建设作出突出贡献的社会力量，根据本法第十三条的规定，具备“依法给予表彰和奖励”的资格。第三，社会力量独资或合资兴建的公共文化设施，建成后免费或者优惠开放的，应该适用本法第四十七条规定，“按照国家规定享受补助”。第四，对于以捐建方式参与公共文化设施建设的，如果符合本法第五十条规定的条件，也可以“依法享受税收优惠”。第五，除本法规定外，符合其他法律法规规定条件的，如以 PPP 方式参与公共文化设施建设的，也可以适用 PPP 模式相应的鼓励支持政策。

53. 社会力量参与公共文化设施运营和管理有哪些主要形式？

公共文化服务保障法第二十五条规定，国家鼓励公民、法人和其他组织参与公共文化设施的运营和管理。社会力量参与公共文化设施运营和管理的主要形式，就目前的情况而言，是作为政府购买公共文化服务的承接主体，根据双方签订的委托运营合同，负责管理和运营公共文化设施。国务院办公厅转发文化部等部门《关于做好政府向社会力量购买公共文化服务工作的意见》，已将公共文化设施的运营和管理项目列入《政府向社会力量购买公共文化服务指导性目录》。在实践中，社会力量参与公共文化设施运营和管理主要形式不外两种：一种是部分参与，社会力量仅承担公共文化设施运营和管理的部分业务，如保安、保洁、物业等服务；另一种是全面参与，即将运营和管理的全部业务都委托给社会力量。

54. 公众使用公共文化设施应承担哪些义务?

公共文化设施是满足公民基本文化需求的重要载体。公共文化设施的公共性，决定了公众在使用公共文化设施时，应该文明有序使用，以维护公共文化设施正常使用秩序。因此，公共文化服务保障法第二十六条规定，公众在使用公共文化设施时，应当遵守公共秩序，爱护公共设施，不得损坏公共设施设备和物品。本条规定的公众在使用公共文化设施时应承担的义务，实质上就是公众使用公共文化设施时必须遵守的行为规范。

根据本条规定，公众在使用公共文化设施时必须遵守的基本行为规范主要包括三个方面。一是必须遵守公共秩序，二是必须爱护公共设施，三是不得损坏公共设施设备和物品。文明有序使用公共文化设施，是公民素质的基本要求和外在表现。使用公共文化设施的每个人都必须严格遵守这些基本行为规范，以保证公共文化设施使用的正常秩序，以及设施设备和物品的完好。

第三章　公共文化服务提供

55. 政府在公共文化服务提供上主要承担什么职责?

提供公共文化服务是服务型政府的基本职能之一，促进优秀公共文化产品的提供和传播是各级人民政府的应尽职责。公共文化服务保障法第二十七条规定，各级人民政府应当充分利用公共文化设施，促进优秀公共文化产品的提供和传播，支持开展全民阅读、全民普法、全民健身、全民科普和艺术普及、优秀传统文化传承活动。这一条从三个方面规定了各级人民政府在公共文化服务提供方面的职责。

首先，充分利用公共文化设施。各级各类公共文化设施建成之后，各级人民政府应当予以充分利用，不断优化与服务设施相关的资源配置，提高设施利用率和服务效能，避免闲置浪费。管好用好公共文化设施，政府应从以下方面履行基本职责。(1) 配备稳定、专业的管理运行主体。公共文化设施的管理运行主体，是指公共图书馆、文化馆、博物馆、美术馆的管理机构和管理队伍。为了充分利用公共文化设施，各级人民政府必须为这些设施配备必要的管理机构和队伍，必须持续加强指导和督促，以不断提高管理机构和队伍的运行能力和专业化水准。在现实条件下，公共文化设施的管理运行主体，大致分为两种：一种是与公共文化设施建设一体化的、定编定岗的公共文化事业机构；另一种是接受政府委托进行公共文化设施管理的社会组织或企业。对于前者，政府应足额拨付相关事业经费；对于后者，政府主要以购买服务方式予以实现。（2）健全基本文化服务项目。管好用好公共文化设施，健全基本文化服务项目十分关键。一座公共文化设施，有了符合公众实际文化需求的基本服务项目，才具备了吸引公众利用的可能性。以文化馆为例，必须配备群众文化艺术创作、群众文化活动组织策划、群众性文化艺术辅导培训、群众文化团队组织指导、非物质文化遗产保护传承、群众文化艺术成果展演展示等服务项目。各级人民政府应以《国家基本公共文化服务指导标准（2015—2020年）》为依据，落实基本保障职责，为公共文化设施配备健全、丰富、与人民群众文化需求对接的基本文化服务项目。（3）指导、监督和评估。对于公共文化设施管理运行的全过程和各方面，政府负有指导和监督职责，因此，政府应建立公共文化设施管理运行情况定期或不定期督查、抽查制度，及时掌握情况、发现问题、提出整改要求。为了提高运行效能，政府还应综合运用第三方评估、群众满意度调查等手段，对公共文化设施管理运行质量进行评估。

其次，促进优秀公共文化产品的提供和传播。公共文化服务始终坚持培育和弘扬社会主义核心价值观，以保障人民群众基本文化权益、满足人民群众基本文化需求为出发点和立足点，致力于不断提高全体人民群众的精神文化素养，承担以文化人、以文育人，促进人的全面发展的重要社会责任。为此，各级人民政府必须以社会主义核心价值观为指导，大力促进优秀公共文化产品的提供和传播。要做到这一点，各级人民政府需要重点在以下三方面着力。一是组织好优秀公共文化产品的创作生产。各级人民政府应加强公共文化产品创作生产的规划工作，精心策划既有中华优秀文化传统特色和地方特点，又有鲜明时代意义的创作题材，深化中国梦主题文艺创作活动，重点推动爱国主义题材、现实题材、历史题材、青少年题材等作品的创作。应积极推进地方优质历史人文资源的整合利用，提炼公众认同度高的地方特色文化元素和独特艺术形象，融入现代理念，努力创作生产更多思想性、艺术性、观赏性相统一，符合人民群众审美情趣，有浓郁地方特色的公共文化精品。二是建立健全优秀公共文化产品供给机制。为了让各类优秀公共文化产品脱颖而出、顺畅进入百姓日常文化生活，各级人民政府有必要会同公共文化机构和相关社会力量，健全公共文化产品遴选、采购、推介、供给机制，建立各类优秀文化产品进入公共文化服务平台、渠道、载体的快捷通道。各级公共财政对于采购公共文化产品的投入，要向内容健康、形式生动、风格独特、群众喜闻乐见的优秀文化产品倾斜。三是加强优秀公共文化产品的传播推广。各级人民政府应统筹协调广播、电视、报纸和网络媒体，加强对重大优秀公共文化产品创作生产、重要优秀公共文化产品品牌的策划报道、动态跟踪、专题访谈和热点评论。应综合利用有广泛社会影响力的新媒体平台，制作播出优秀公共文化产品精品片段、视频推介和新闻话题，营造有利于优秀公共文化产品推广传播的社会环境和舆论氛围。

第三，大力支持全民阅读、全民普法、全民健身、全民科普和艺术普及、优秀传统文化传承活动。2015 年年初中办国办印发《关于加快构建现代公共文化服务体系的意见》，明确提出深入开展全民阅读活动，积极开展全民艺术普及、全民健身、全民科普和群众性法治文化活动。公共文化服务保障法第二十七条在充分体现两办意见精神和任务要求基础上，进一步增加了全民性的“优秀传统文化传承活动”。全民阅读、全民普法、全民健身、全民科普和艺术普及、优秀传统文化传承活动，是公共文化服务的基础工程、主干工程，大力支持这些全民性的文化活动，也是各级人民政府履行好公共文化服务职责的基本要务，对于培育和弘扬社会主义核心价值观，营造健康向上的社会风尚，提高全民族文明素质具有重要意义。

56. 公共文化服务主要涉及哪些方面?

公共文化服务保障法第二十七条要求各级人民政府支持开展全民阅读、全民普法、全民健身、全民科普和艺术普及、优秀传统文化传承活动，指出了当前我国公共文化服务涉及的主要方面。

（1）全民阅读。1997年1月，中央宣传部、文化部、国家教委、国家科委、广播影视部、新闻出版署、全国总工会、共青团中央、全国妇联九部委共同发布了《关于在全国组织实施“知识工程”的通知》，提出了实施“倡导全民读书，建设阅读社会”的“知识工程”。2000年，全国知识工程领导小组将每年的12月定为“全民读书月”。2004年4月23日，由全国知识工程领导小组和文化部主办，中国图书馆学会和国家图书馆承办，开展以“倡导全民读书，建设阅读社会”为主题的“2004年‘世界读书日’”宣传活动。自此，“世界读书日”和“全民阅读月”成为我国两项标志性全民阅读推广活动。2006年4月，中宣部、中央文明办、新闻出版总署等11个部委共同倡议，在“世界读书日”前后，开展“爱读书、读好书”全民阅读活动。多年来，全民阅读活动在全国各地蓬勃发展，活动规模不断扩大，内容不断充实，方式不断创新，影响日益扩大。2015年3月15日，国务院总理李克强在会见中外记者并回答提问时表示，书籍和阅读是人类文明传承的主要载体，希望全民阅读能够融入生活方式，融入工作方式，形成氛围，无处不在。2016年12月，国家新闻出版广电总局发布《全民阅读“十三五”时期发展规划》。

十多年来，开展全民阅读活动已经作为公共文化服务的一项重要内容，逐步纳入各级人民政府职责范畴。在实践中，许多地方以全民阅读为切入点，在不断改进阅读设施建设布局、深入开展阅读推广活动、培育民间阅读组织等方面取得了显著成效。在未来发展中，各级人民政府应进一步按照公共文化服务保障法的规定，紧紧围绕保障人民群众基本文化权益，培育和践行社会主义核心价值观，提高全民思想道德和科学文化素养，建设社会主义文化强国的发展大局，做好全民阅读活动的组织发动、宣传推广和支持保障工作，大力支持各级公共图书馆在全民阅读活动中发挥核心作用，引导和鼓励各种社会力量参与全民阅读活动。

（2）全民普法。全民普法是全面推进依法治国、建设社会主义法治国家的基础性工作。1986年起，中央确定以五年为一个周期，实施全民普法活动。中宣部、司法部、全国普法办要求各地加强社会主义法治教育，开展法治城市（区、县）创建，做好法律“六进”（进机关、进乡村、进社区、进学校、进企业、进单位）活动，创新宣传的形式和载体，建立配套考核验收机制，落实督察责任制，深入开展形式多样的全民法制宣传教育活动。

到2015年年底，我国已经连续实施了6个全民普法五年规划，全体公民法律素质和全社会法治意识得到逐步提高。如今已进入“七五普法”时期。党的十八大以来，党中央对全面依法治国作出重要部署，对法治宣传教育提出了新的更高要求。党的十八届四中全会明确提出，坚持把全民普法和守法作为依法治国的长期基础性工作，深入开展法治宣传教育。

各级人民政府要以“全面依法治国”为基本遵循，把全民普法作为公共文化服务的重要内容和基本任务，做好全民普法活动的组织发动和支持保障工作，大力支持各级各类公共文化机构、基层综合性文化服务中心开展各种行之有效的全民普法活动，推动全社会树立法治理念、培育法治精神、确立法治思维、提升法治能力。

（3）全民健身。1995 年，《中华人民共和国体育法》正式颁布，同年，国务院出台《全民健身计划纲要》。2008 年，为纪念北京奥运会成功举办，国务院批准从 2009 年起，确定每年 8 月 8 日为“全民健身日”。2015 年，中办国办《关于加快构建现代公共文化服务体系的意见》将全民健身纳入现代公共文化服务体系范畴。目前，全国绝大多数公共体育场馆已向社会开放，城市社区、公园广场、草坪路旁，以及乡村居民聚居地段，已普遍设立了便民健身场所，并配置形式多样的体育健身器械和设施。

2016 年 6 月，国务院印发《全民健身计划（2016—2020 年）》，全面部署“十三五”期间全民健身工作。计划要求，以增强人民体质、提高健康水平为根本目标，开展全民健身活动，提供丰富多彩的活动供给；统筹建设全民健身场地设施，方便群众就近就便健身。各级人民政府要切实贯彻落实国务院关于全民健身的决策部署，把全民健身作为公共文化服务的重要内容和基本任务，做好全民健身活动的组织发动和支持保障工作，大力支持各级各类体育场馆、公共文化机构、基层综合性文化服务中心开展各种行之有效全民健身活动。

（4）全民科普。2002 年 6 月，《中华人民共和国科学技术普及法》正式颁布。2003 年 6 月 29 日，在“科普法”正式颁布一周年之际，中国科协启动“科普日”活动。2005 年起，为便于广大群众、学生更好地参与科普活动，“科普日”改为每年 9 月第三个公休日。

将全民科普纳入公共文化服务范畴，进一步明确了各级人民政府要大力支持全民科普的职责。各级人民政府应紧紧围绕科技强国、科教兴国的国家战略，致力于提升全民科技素养和能力，做好全民科普活动的组织指导、宣传推广和支持保障工作，大力支持科协、科技馆在全民科普活动中发挥主导作用，引导和鼓励各种社会力量参与全民科普活动。

（5）艺术普及。艺术是人类文明的基本形式，是民族精神文化成果的集中体现，也是涵养人文精神、提升审美情趣、增强社会凝聚力和感召力的重要载体。开展全民艺术普及，是党和国家在新时期赋予公共文化的一项重要任务，也是各级人民政府不可推卸的重要责任。2015 年年初，中办国办《关于加快构建现代公共文化服务体系的意见》首次明确提出积极开展全民艺术普及活动。此后，一些地方实施“一人一艺”全民艺术普及工程，为开展全民艺术普及积累了经验、探索了路径。

面向全体人民群众的艺术普及，内容涉及文学、音乐、舞蹈、书法、绘画、雕塑、影视、摄影、戏曲、曲艺、非物质文化遗产、民间工艺等各种艺术门类和样式，方式主要包括艺术基础知识普及、艺术作品欣赏普及、艺术技能学习和训练、开展和参与艺术活动、组建艺术团队等。

各级人民政府应紧紧围绕保障人民群众基本文化权益，

培育和践行社会主义核心价值观，提高全民文化艺术素养，建设社会主义文化强国的发展大局，做好全民艺术普及活动的社会动员、组织指导、宣传推广和支持保障工作，大力支持各级文化馆（站）在全民艺术普及活动中发挥重要作用，引导和鼓励各种社会力量参与全民艺术普及活动。

（6）优秀传统文化传承。中华文化源远流长、博大精深，为人类文明做出了不可磨灭的贡献，是中华民族生生不息、发展壮大的精神血脉。中华优秀传统文化是中华民族数千年智慧的结晶，是团结人民、凝神聚气、砥砺奋进的力量源泉。习近平总书记多次强调要弘扬和传承中华优秀传统文化，继承前人优秀价值理念、行为准则和道德规范。深刻学习领会习近平总书记系列讲话精神，深入贯彻落实党的十八大以来中央关于继承优秀传统，弘扬中华文化，加快实现中华民族伟大复兴中国梦的决策部署，对于进一步培育民族精神、增强理论自信、道路自信、制度自信和文化自信，具有十分重要的意义。

近年来，全国各地如火如荼的优秀文化传承活动已经取得积极成果。中华优秀文化理念、道德观念、行为规范、生活习俗逐步得到弘扬，各地有鲜明地方特色的文化正在得到有效保护和合理利用。尊重中华历史、加强文化认同、崇尚道德人文，追求向上向善，正在逐步成为新的社会风尚。在此基础上，各级人民政府应进一步贯彻落实习近平总书记系列讲话精神和中央决策部署，牢固树立新的发展理念，立足当前、着眼长远，把传承弘扬优秀传统文化和地方特色文化，摆在公共文化服务各项工作的重要位置，扎实做好全民优秀传统文化传承活动的宣传发动、组织推进和支持保障工作，大力支持博物馆、公共图书馆、文化馆（站）等公共文化机构在优秀传统文化传承活动中发挥重要作用，积极引导和鼓励各种社会力量参与全民优秀传统文化传承活动。

57. 什么是公益性文化单位？

为保障好、实现好人民群众基本文化权益，满足人民群众基本文化需求，我国实行中国特色社会主义文化事业体制，各级人民政府在建设公共文化服务设施的同时，设立负责设施管理运行和提供相应服务的公益性文化单位，主要包括公共图书馆、博物馆、文化馆（站）、美术馆、科技馆、纪念馆、体育场馆、工人文化宫、青少年宫、妇女儿童活动中心等。公益性文化单位接受政府委托，具体承担着直接面向人民群众提供公共文化服务的任务，是我国现代公共文化服务体系建设的主力军。

公共文化服务保障法第二十九条规定，公益性文化单位应当完善服务项目、丰富服务内容，创造条件向公众提供免费或者优惠的文艺演出、陈列展览、电影放映、广播电视节目收听收看、阅读服务、艺术培训等，并为公众开展文化活动提供支持和帮助。公益性文化单位主要通过服务项目为公众提供公共文化服务。公益性文化单位的服务项目可分为基本服务项目和非基本服务项目两大类。所谓基本服务项目，是指公益性文化单位根据当地人民政府制定的基本公共文化服务标准或目录，结合当地群众文化需求特点、行为方式和本机构服务范围、专业领域，相应设立的文化服务项目，重在接受政府委托，发挥各自专业服务功能，完成公共文化服务“保基本”的任务。所谓非基本服务项目，是指公益性文化单位可以在保质保量完成本单位基本公共文化服务任务的基础上，结合当地人民群众多层次、多样化、多变化的文化需求特点，开发和设立一些特色的、增值的服务项目。需要明确的是，二者之间，基本服务项目是前提、是基本任务，必须健全、足额提供；非基本服务项目的开发和设立，必须与本单位服务范围相吻合，不得以非基本服务项目冲击、削弱基本服务项目。基本服务项目和非基本服务项目均需遵循积极健康、对接需求、特色鲜明、效能优先的原则。

58. 什么是经营性文化单位?

公共文化服务保障法第二十九条规定，国家鼓励经营性文化单位提供免费或者优惠的公共文化产品和文化活动。经营性文化单位的概念与我国文化体制改革过程中经营性文化事业单位“转企改制”直接相关，大致有两种情况：一是指尚未改制或处于改制过程中的经营性文化事业单位，包括电影电视制片、销售、发行、电影放映的事业单位，广播电视运营服务单位，图书、报纸、期刊制作、音像制品、电子出版物出版制作和销售等单位；二是指已改制的经营性文化单位，属于已转为文化企业的单位。根据中央一贯要求，经营性文化单位应当把社会效益摆在首位，坚持社会效益与经济效益相统一。因而，一方面国家鼓励经营性文化单位面向社会提供免费或者优惠的公共文化产品和文化活动，另一方面经营性文化单位也应致力于服务社会，实现好自身的经济效益和市场价值。

改革开放以来，特别是进入21世纪以来，人民群众文化需求日趋旺盛，文化需求的品种结构日益多样多变，各级政府举办的公益性文化单位虽然承担着提供基本文化服务项目的主要职责，但难以满足全社会多层次多品种多变化的文化需求，这就需要各种社会力量积极参与到公共文化服务中来。在各种社会力量之中，经营性文化单位业务相近、资源丰富、人才众多，具有明显优势。公共文化服务保障法提出国家鼓励经营性文化单位参与提供免费或优惠的公共文化产品和文化活动，对经营性文化单位来说，除了具有经营业务、专业领域方面的优势之外，也可以在奉献社会的同时，扩大企业的社会信誉和影响力，提高公众对企业品牌的认知度、黏着度，增强企业的市场竞争能力。

59. 公益性文化单位免费或优惠向公众提供什么服务？

公益性文化单位的公益性，主要表现为向公众提供免费或者优惠的服务。公益性文化单位免费开放，主要含义有两点：一是场地设施免费开放，即各级各类公共文化场所面向公众免费开放；二是基本服务项目免费提供，即各级各类公共文化设施和机构，按照当地政府公布的基本公共文化服务标准或目录，结合自身服务范围和专业特点，免费提供基本服务项目。公益性文化单位免费开放，不等于所有服务项目都是免费的，也可以在健全基本服务项目基础上，结合当地人民群众多层次、多样化和多变化的文化需求，开发和设立一些内容丰富、价格优惠的文化服务项目或增值服务项目。如比较高端或个性化的咨询研究服务、艺术培训服务、艺术考级服务、非遗技艺传承服务、活动策划服务、作品编创指导服务等，但是这些服务仍然需要严格遵循非营利目的。

公共文化服务保障法第二十九条规定，公益性文化单位应当完善服务项目、丰富服务内容，创造条件向公众提供免费或者优惠的文艺演出、陈列展览、电影放映、广播电视节目收听收看、阅读服务、艺术培训等，并为公众开展文化活动提供支持和帮助。以上对公益性文化单位向公众提供免费或者优惠服务主要内容的列举，是结合我国现阶段经济社会发展情况和公众文化需求实际提出来的。这些服务内容及其提供方式，会随着经济社会发展和公众文化需求变化而不断改进和调整。

文艺演出是广为公众喜爱的文化服务方式之一，也是政府文化惠民工程的重要内容。《国家基本公共文化服务指导标准（2015—2020 年）》明确，根据群众实际需求，采取政府采购等方式，为农村乡镇每年送戏曲等文艺演出；各级文化馆（站）等开展文化艺术知识普及和培训，培养群众健康向上的文艺爱好；根据基层实际，为每个县配备用于图书借阅、文艺演出、电影放映等服务的流动文化车，开展流动文化服务。文艺演出正式列入国家基本公共文化服务指导标准。为公众提供文艺演出服务的主体多元多样，但各级文化馆（站）是重要力量。

陈列展览是公共文化服务机构的基本服务项目和服务方式之一，是面向公众传播历史、人文、科技、艺术、非遗等知识、技能、成果的重要载体。《国家基本公共文化服务指导标准（2015—2020 年）》中与“陈列展览”相关的内容包括：（1）公共图书馆、文化馆（站）、公共博物馆（非文物建筑及遗址）、公共美术馆等公共文化设施免费开放，基本服务项目健全；（2）未成年人、老年人、现役军人、残疾人和低收入人群参观文物建筑及遗址博物馆实行门票减免，文化遗产日免费参观；（3）公共博物馆、公共美术馆依据国家有关标准进行规划建设。

电影放映是我国城乡人民群众普遍喜爱的文化服务方式。鉴于目前城市电影放映市场发育比较充分，现阶段公益性电影放映服务提供主要以农村为主。《国家基本公共文化服务指导标准（2015—2020 年）》规定，为农村群众提供数字电影放映服务，其中每年国产新片（院线上映不超过 2 年）比例不少于三分之一；配合加强中小学生爱国主义教育，规定为中小学生每学期提供 2 部爱国主义教育影片。

广播电视节目收听收看，是公众获取文化信息、享受文化服务最主要的方式之一。《国家基本公共文化服务指导标准（2015—2020年）》关于广播的规定是，为全民提供突发事件应急广播服务；通过直播卫星提供不少于17套广播节目，通过无线模拟提供不少于6套广播节目，通过数字音频提供不少于15套广播节目。关于观看电视的规定是，通过直播卫星提供25套电视节目，通过地面数字电视提供不少于15套电视节目，未完成无线数字化转换的地区，提供不少于5套电视节目。鉴于目前城市广播电视已全面覆盖，有线电视通向家家户户，公益性广播电视服务提供主要以农村为主。

阅读服务是城乡人民群众获取信息、增长知识、了解世界、提高素养的重要渠道。《国家基本公共文化服务指导标准（2015—2020年）》关于阅读服务的相关规定是，公共图书馆（室）、文化馆（站）和村（社区）综合文化服务中心（含农家书屋）等配备图书、报刊和电子书刊，并免费提供借阅服务；在城镇主要街道、公共场所、居民小区等人流密集地点设置阅报栏或电子阅报屏，提供时政、"三农"、科普、文化、生活等方面的信息服务；公共图书馆、文化馆（站）等公共文化设施免费开放，基本服务项目健全；县级以上（含县级）在辖区内设立公共图书馆、文化馆，乡镇（街道）设置综合文化站，按照国家颁布的建设标准等进行规划建设等。

艺术培训是面向全社会开展艺术普及、传授艺术技能的基本方式，是城乡人民群众丰富文化生活、陶冶审美情操、提升艺术素养的重要渠道。《国家基本公共文化服务指导标准（2015—2020年）》关于艺术普及的规定是，各级文化馆（站）等开展文化艺术知识普及和培训，培养群众健康向上的文艺爱好。

随着经济社会快速发展和人民生活水平不断提高，公众以自娱自乐、自编自演、自创自办、自我服务方式开展文化活动的需求日益凸显，公众获取文化信息、享受文化成果、开展文化活动、从事文化创造的诉求更加强烈，公益性文化单位要因势利导、顺势作为，为公众开展文化活动提供支持和帮助。公益性文化单位做好这项工作，首先，是职责所在。支持和帮助公众开展文化活动，属于重要的基本服务项目，应作为“免费开放”的重要内容。其次，有利于提高服务效能。公益性文化单位为公众开展文化活动提供支持和帮助，有利于超越场地设施服务的局限，深化免费开放的内容和范围，提高软、硬件资源利用率，形成健全的面向全社会、扩大覆盖面的服务体系，从而推动服务效能不断提高。再次，有利于改进服务方式。公共文化服务以人民为中心，就要求改变过去“我选你读”“我演你看”“我讲你听”的格局，确立人民群众在公共文化服务中的主体地位和主人翁精神，变单一的产品供给为产品、要素、资金、技术的复合式、立体化供给，尤其是策划、编导、创排、培训，以及装备、器材、技术、资金等多要素支持，重在提升公众开展文化活动的综合能力。

60. 基层综合性文化服务中心的主要任务是什么？

基层综合性文化服务中心，是指乡镇（街道）和村

（居）两个层级设立的综合性文化服务设施。俗话说，上面千条线，下面一根针。到了基层，无法事事细分、样样单列，综合性、集成性的文化服务符合基层实际。公共文化服务保障法第三十条规定，基层综合性文化服务中心应当加强资源整合，建立完善公共文化服务网络，充分发挥统筹服务功能，为公众提供书报阅读、影视观赏、戏曲表演、普法教育、艺术普及、科学普及、广播播送、互联网上网和群众性文化体育活动等公共文化服务，并根据其功能特点，因地制宜提供其他公共服务。这一规定明确了基层综合性文化服务中心四个方面的主要任务。

一是加强资源整合。推动各级各部门支持基层开展文化服务的资源整合。党的十八届三中全会《关于全面深化改革若干重大问题的决定》明确要求，整合基层宣传文化、党员教育、科学普及、体育健身等设施，建设综合性文化服务中心。推进县域范围内打破条块分割、各自为政，实行基层公共文化人、财、物统筹使用。统筹协调与基层公共文化服务相关的各类主体和各种资源，重点整合汇聚宣传、文化、教育、科技、工会、共青团、妇联等各系统文化资源和力量，实现基层公共文化服务整合提供。

二是建立完善公共文化服务网络。基层综合性文化服务中心包括乡镇综合文化服务中心（乡镇综合文化站）和村综合文化服务中心两个层级。乡镇综合文化服务中心不仅仅是面向乡镇政府所在地提供场地设施服务，更重要的是面向乡镇全域、特别是下辖的各个行政村，提供组织指导、平台支撑、资源支持、队伍建设、特色培育等服务，形成完善的公共文化服务网络。村综合文化服务中心一般情况下坐落在所在行政村的村部，这就要求村综合文化服务中心也不能仅仅局限于本行政村村部所在地的场地设施服务，更重要的是面向行政村全域，特别是各个自然村，提供全域性的基本文化项目、团队组织建设、特色品牌建设等服务，形成完善的村域公共文化服务网络。

三是统筹服务功能。基层综合性文化服务中心统筹服务功能，一要发挥乡镇文化站、村基层综合性文化服务中心的综合平台优势，面向各级各部门提供平台支撑，吸纳服务资源、集成相关服务，重点推动基层党员学习、宣传教育、文化服务、科普普法、体育健身等公共文化服务综合集成、共建共享。二要以当地人民政府发布的基本公共文化服务实施标准或目录，紧密结合当地基层群众文化需求特点，为公众提供书报阅读、影视观赏、戏曲表演、艺术普及、科学普及、广播播送、互联网上网和群众性文化体育活动等公共文化服务。

四是因地制宜提供其他公共服务。基层综合性文化服务中心提供的公共文化服务，除了满足当地群众基本文化需求之外，还具有基础性、平台性和综合性特点，可以为其他公共服务提供基础条件和平台支撑。如基层社区文化教育，可以帮助基层群众了解当地经济发展特点，推广先进技术，传授致富技能。基层非遗保护和传承，可以带动特色文创产品开发，促进灵活就业。基层互联网上网服务，可以帮助群众获取市场信息，营销特色产品等。

61. 公共文化设施为什么实行免费或优惠开放?

公共文化服务保障法第十四条界定了什么是公共文化设施，第三十一条对公共文化设施免费或者优惠开放作出了规定。公共文化设施向公众免费或者优惠开放，根本上是由公共文化设施的公益性质所决定的。公共文化设施建设出于公益目的，由公益性文化单位管理，运行维护由公共财政保障，因而任何单位和个人都不允许利用公共文化设施谋取私利。但是，并非各类公共文化设施一概面向公众免费开放，如有些文物建筑和遗址类博物馆受到严格保护制约不能全面实施免费开放，广播电视传输覆盖设施只提供服务功能而不存在设施本身的开放问题，因而需要根据公共设施的功能、特点，按照国家有关规定，确定是否免费开放。

为了推进公共文化设施免费开放，2008 年 1 月，中宣部、财政部、文化部、国家文物局发布《关于全国博物馆、纪念馆免费开放的通知》（中宣发〔2008〕2 号），全国各级文化文物部门归口管理的公共博物馆、纪念馆，全国爱国主义教育示范基地全部免费开放。2011 年 1 月，文化部和财政部联合发布《关于推进全国美术馆公共图书馆文化馆（站）免费开放工作的意见》（文财务发〔2011〕5 号），全国美术馆、公共图书馆、文化馆（站）实施免费开放。公共图书馆、文化馆（站）免费开放包括两个方面的含义：一是指公共空间设施场地免费开放，二是指与其职能相适应的基本公共文化服务项目健全并免费向公众提供。基本公共文化服务项目将随着经济社会的不断发展、政府财力的增长和人民群众精神文化需求的不断增长而动态调整。按照财政部、文化部文件的规定，公共图书馆免费开放主要包括：一般阅览室、少年儿童阅览室、多媒体阅览室（电子阅览室）、报告厅（培训室、综合活动室）、自修室等公共空间设施场地免费开放；文献资源借阅、检索与咨询、公益性讲座和展览、基层辅导、流动服务等基本文化服务项目健全并免费提供；为保障基本职能实现的一些辅助性服务如办证、验证及存包等全部免费。文化馆免费开放主要包括：多功能厅、展览厅（陈列厅）、宣传廊、辅导培训教室、计算机与网络教室、舞蹈（综合）排练室、独立学习室（音乐、书法、美术、曲艺等）、娱乐活动室等公共空间设施场地的免费开放；普及性的文化艺术辅导培训、时政法制科普教育、公益性群众文化活动、公益性展览展示、培训基层队伍和业余文艺骨干、指导群众文艺作品创作等基本文化服务项目健全并免费提供；为保障基本职能实现的一些辅助性服务如办证、存包等全部免费。文化站免费开放主要包括：多功能厅、展览厅（陈列厅）、辅导培训教室、计算机与网络教室等公共空间设施场地的免费开放；书报刊借阅、时政法制科普教育、群众文艺演出活动、数字文化信息服务、公共文化资源配送和流动服务、体育健身、青少年校外活动等服务项目健全并免费提供；为保障基本职能实现的一些辅助性服务如办证、存包等全部免费。2015年3月，中国科协、中宣部、财政部发布《关于全国科技馆免费开放的通知》（科协发普字〔2015〕20号），部署科协系统所属县以上公益性科技馆自2015年起分批分步实施免费开放。目前，公共财政支持公共文化设施免费或者优惠开放的力度逐步提高，公共文化设施免费或者优惠开放的范围和内容将进一步扩大。

62. 公共文化设施收取费用有哪些限制性规定？

公共文化服务保障法第三十一条规定，公共文化设施开放收取费用的，应当每月定期向中小学生免费开放。公共文化设施开放或者提供培训服务等收取费用的，应当报经县级以上人民政府有关部门批准；收取的费用，应当用于公共文化设施的维护、管理和事业发展，不得挪作他用。

首先，要求收费的公共文化设施定期向中小学生免费开放。现阶段，由于种种原因，仍存在一些收费的公共文化设施，如收取门票的博物馆、纪念馆、展览馆以及一些遗址保护地等。这些收费的公共文化设施，必须每月定期向中小学生免费开放。这一规定的目的，是在特定公共文化设施无法实施免费开放的情况下，为中小学生这一特定群体打破收费门槛，为中小学生提高思想道德和科学文化素养提供便利。这一规定与我国现行有效的相关法律法规是相互衔接的。我国教育法规定，图书馆、博物馆、科技馆、文化馆、美术馆、体育馆（场）等社会公共文化体育设施，以及历史文化古迹和革命纪念馆（地），应当对教师、学生实行优待，为受教育者接受教育提供便利。未成年人保护法规定，爱国主义教育基地、图书馆、青少年宫、儿童活动中心应当对未成年人免费开放；博物馆、纪念馆、科技馆、展览馆、美术馆、文化馆以及影剧院、体育场馆、动物园、公园等场所，应当按照有关规定对未成年人免费或者优惠开放。博物馆条例规定，博物馆应当对学校开展各类相关教育教学活动提供支持和帮助。

其次，严格收费程序。公共文化设施用地由国家无偿划拨，建设、维护和运行经费主要由政府投入，公益性文化单位提供服务所需经费亦由公共财力提供保障，因而一般情况下，使用公共文化设施开展商业经营，有违公益性文化单位基本性质和功能定位。但是，从公共文化服务的实际出发，部分公益性文化单位的确也需要进行一些配套性质的收费服务，例如提供简餐，从事文创产品开发，提供增值培训服务或相关装备器材耗材售卖等。这些配套性质的收费服务应当严格限制在一定范围内，应当严格遵循紧密配套、便利群众、相对低价、不以营利为目的的原则，并且严格禁止与主业无关的商业经营项目及营利性经营行为。公益性文化单位优惠提供增值服务，必然涉及收取费用的问题。为了将各类增值服务收费标准、收费规模控制在合理范围内，公共文化机构应当事前将收费项目、标准、规模等情况，如实向县级以上人民政府的文化主管部门和物价管理部门提出申报，经核准后方能实施收费。

第三，严管收费用途。公共文化机构开展配套收费服务或增值服务所收取的资金，应按相关规定纳入监管，并在当地文化主管部门和财政部门指导和监督下，合理用于公共文化设施的维护、管理和事业发展，不得挪作他用。所谓合理用于公共文化设施的维护、管理和事业发展，是指与本设施功能定位、主营业务直接相关的资金用项，如公共图书馆的设施维护、设备添置、资源采购、服务推广、专业研究、业务交流、品牌建设、人员培训等。所谓挪作他用，是指将收取的资金用于内部人员发放奖金奖品、外出旅游以及其他不当开支等。

63. 公共文化设施“乱收费”承担什么法律责任?

公共文化设施“乱收费”行为，主要有以下几种表现：一是违反国家关于公共文化设施实施免费开放的明确规定，在公众进入公共文化场地设施时收取门票费用。目前国家已明确规定美术馆、公共图书馆、文化馆（站）免费开放，这些设施不得收取门票。二是应当免费提供的基本文化服务项目收费。各级各类公共文化设施应当明确公示免于收取费用的基本服务项目，一旦列为本设施基本文化服务项目，则不应收取任何费用。三是增值服务项目超标准收费。公共文化设施可以根据自身特点设置和提供一些满足群众多样性或个性化需求的文化服务项目，如公共图书馆的研究咨询、文化馆的高阶艺术考级培训和师傅带徒式技艺传承等，但这些服务项目在收费价格上应遵循成本收费原则，不得以营利为目的。

公共文化服务保障法第六十二条明确规定，公共文化设施开展与功能、用途不符的服务活动，或是对应当免费开放的公共文化设施收费或者变相收费的，承担如下法律责任：一是责令限期改正；二是没收违法所得；三是罚款；四是对直接负责的主管人员和其他直接责任人员依法给予处分。公共文化服务保障法严格禁止公共文化设施提供与功能、用途不符的服务，严格禁止各种“乱收费”行为，可以说是为公共文化设施的“公益性”加了“护身符”。

64. 公共文化设施管理单位应提前向公众公示的事项主要包括什么？

公共文化服务保障法第三十一条规定，公共文化设施管理单位应当公示服务项目和开放时间；临时停止开放的，应当及时公示。这一规定既是规范公共文化设施管理单位的服务和行为，又是引导公众充分利用公共文化设施的途径和方式。

法律要求公示的服务项目，包括服务范围、服务政策、服务安排、服务公约等基本服务内容。基本服务内容，应按照当地政府颁布的基本公共文化服务实施标准或目录，结合当地人民群众文化需求特点，按照公共文化设施的类型和性质加以制定。及时公布服务内容以便于公众广泛知晓可获得的服务，更好地利用公共文化设施。例如，2012 年 5 月 1 日起施行的国家标准《公共图书馆服务规范》就明确规定，公共图书馆的服务范围、服务内容、服务公约、读者须知、借阅（使用）规则、服务承诺等基本服务政策，应在馆内醒目位置和图书馆网站的相关栏目向读者公示。

公共文化设施管理单位公示开放时间，一方面是方便公众利用，另一方面也是对公共文化设施的社会监督。公共文化设施的开放时间，应遵循足额、错时原则。所谓足额，是指按照国家基本公共文化服务标准及当地实施标准，开放时间不得少于规定时间。所谓错时，是指根据当地群众参与公共文化服务的习惯与特点，实行错时开放，在群众闲暇时段多开放，以便更好地适应公众需求。例如，2013 年 4 月 1 日起施行的《上海市社区公共文化服务规定》，要求社区公共文化设施应当每天向公众开放，开放时间应当与公众的工作时间、学习时间适当错开。国家法定节假日和学校寒暑假期间，应当适当延长开放时间。社区文化活动中心每周累计开放时间不少于 56 个小时。

公共文化设施遇特殊情况暂时无法提供服务，或需要变更服务时间、服务内容的，例如因维修或突发事件等需要临时暂停服务、重大节假日变更服务时间等，均应提前向公众告知，遇突发事件应尽快告知公众。例如，《公共文化体育设施条例》规定，公共文化体育设施因维修等原因需要暂时停止开放的，应当提前 7 日向公众公示。《公共图书馆服务规范》规定，因故须暂时闭馆，须向上级文化行政主管部门报告并经其同意后，提前一周向读者公告。如遇公共安全、网络安全等突发事件须临时闭馆或关闭部分区域、暂停部分服务的，应及时向读者公告。

公共文化设施管理单位应公示的事项，除了基本的服务信息外，还包括其他必要的信息，如活动规则、使用方法、注意事项等。例如，《公共文化体育设施条例》规定，公共文化体育设施管理单位应当在醒目位置标明设施的使用方法和注意事项。对于收费项目等信息，公共文化设施管理单位同样应向公众及时公告。例如，2015 年 3 月 20 日起施行的《博物馆条例》规定，博物馆未实行免费开放的，其门票、收费的项目和标准按照国家有关规定执行，并在收费地点的醒目位置予以公布。博物馆未实行免费开放的，应当对未成年人、成年学生、教师、老年人、残疾人和军人等实行免费或者其他优惠，博物馆实行优惠的项目和标准应当向公众公告。

65. 机关、学校、企事业单位的文化体育设施向公众开放有什么鼓励政策？

公共文化保障法第三十二条规定，国家鼓励和支持机关、学校、企业事业单位的文化体育设施向公众开放。在我国，机关、学校、企业事业单位内部，一般均设有文化体育设施。这些设施数量庞大、覆盖面广，长期以来主要服务本单位，利用率不高、受益面不广。倡导和鼓励机关、学校、企业事业单位的文化体育设施向公众免费或者优惠开放的目的在于，盘活用好这些设施，对于扩大公共文化服务资源总量，提高公共文化服务覆盖面，深化公共文化服务供给侧结构性改革具有重要意义。

推动机关、学校、企业事业单位的文化体育设施向公众开放，应适当采取有效的激励措施和补偿政策，主要就是将机关、学校、企业事业文化体育设施向公众开放，纳入政府购买服务范畴，灵活采取购买服务、项目补贴、以奖代补等方式给予支持。相当于将公共文化设施的“免费开放”政策，延伸到机关、学校、企业事业单位系统，把它们所属的文化体育设施纳入公共文化服务体系。这样一来，不需要新建一平方米房子，全国公共文化服务设施总量可以成倍增加。把这些文化体育设施纳入公共文化服务体系，并不是说把它们统统划归文化行政部门主管，而是明确它们的公共文化服务功能、范围、项目，就近方便地服务周边或当地人民群众，以较小的投入盘活这一大块设施，从服务功能上将它们纳入公共文化服务体系。另外，还可以允许机关、学校、企业事业单位文化体育设施，向公众开放时实施优惠收费，收取费用主要用于文化体育设施的维护、管理和事业发展。有条件的地方，还可以支持机关、学校、企业事业单位文化体育设施开展专业化管理，培育社会化专业化公益服务组织，来推动社会文化体育设施集约高效运行。

66. 公共数字文化建设的原则和主要任务是什么？

公共数字文化建设作为现代公共文化服务体系建设的重要组成部分，是互联网环境下公共文化服务的新阵地、新平台、新空间，是利用信息技术拓展公共文化服务能力和传播范围的重要途径，是适应时代发展的必然要求和战略选择。在信息化、数字化、网络化的背景下，加强公共数字文化建设，有助于促进公共文化服务均衡发展，巩固基层文化阵地；有助于丰富公共文化产品供给，增强城乡文化活力；有助于提升公共文化设施服务效能，完善现代服务体系。公共文化服务保障法第三十三条对公共数字文化的建设原则和主要任务作出了规定。

我国的公共数字文化建设由国家统筹规划。新世纪以来，国家相继实施了全国文化信息资源共享、数字图书馆文化馆博物馆建设、直播卫星广播电视公共服务、农村数字电影放映、数字农家书屋、城乡电子阅报屏建设等重点项目，带动了基层公共文化服务机构数字化水平跨越式发展，覆盖全国的公共数字文化服务网络基本成型，公共数字文化资源库群初具规模，公共数字文化服务手段不断创新，公共数字文化服务能力显著提升。但是，随着云计算、大数据等技术的迅速发展，移动互联和智能终端等设备的日益普及，现有公共数字文化建设在满足人民群众日益增长的文化需求与利用方式等方面，还存在一些不足和差距。特别是由于缺乏顶层设计和协调机制，造成不同公共数字文化重点项目之间存在内容交叉、重复建设的情况；由于没有建立统一的数字资源格式和技术标准，造成不同资源在基层整合、提供集成服务的难度上升；由于没有建立有效的群众文化需求和反馈机制，造成公共数字资源供给与需求对接程度不高；由于服务手段单一、缺乏资源发现系统等现代技术应用，造成优秀文化资源不为人知；由于提供主体单一、社会化水平不高，重点项目建设与运行的活力不足、效率不高；由于投入基础和服务理念的不一，造成不同地区、不同层级的公共文化服务机构数字化水平发展不均衡、服务能力差异大。因此，需要从国家层面统筹规划公共数字文化建设。

公共文化服务保障法明确了我国公共数字文化建设几个方面的重点任务。一是构建标准统一、互联互通的公共数字文化服务网络。在国家层面，应当依照互联网环境下资源共建共享、数据开放互联的原则，促进异构系统间数据交换格式和互操作接口的标准化、规范化与开放性，从而推动不同公共数字文化服务系统之间数据和资源的互联互通。二是建设公共文化信息资源库。落实《国家基本公共文化服务指导标准（2015—2020年）》，重点建设全民阅读、艺术鉴赏、知识讲座、实用科技、健康生活等普适性资源。国家建设公共文化信息资源库，主要通过制定公共数字文化资源目录，将各方公共数字文化资源纳入国家统一规划，实现资源统一管理，制定统一使用标准及相关政策措施。三是实现基层网络服务共建共享。主要通过统筹建设广播电视村村通工程、全国文化信息资源共享工程、数字图书馆推广工程、公共电子阅览室建设计划等国家重大公共数字文化项目的平台与内容建设，为基层提供丰富的数字文化服务内容。建立区域性公共数字文化综合服务平台，为基层群众提供远程资源下载和自助利用服务。推动基层公共文化服务网络设施及惠民项目综合智能管理建设，实现各类文化信息资源，以及数字图书馆、数字文化馆、数字博物馆、数字美术馆等特定资源的共建共享，为基层群众提供集成化、一站式公共数字文化服务。四是支持开发数字文化产品。数字出版、数字影音、数字游戏、数字动漫、数字学习等基于虚拟现实和互联网络的各类数字内容，是新一代数字技术和网络技术应用渗透到文化领域形成的新兴产业。由于数字文化产品适应技术发展潮流，引领时代消费风尚，内容丰富、使用便捷，深受人民群众特别是年轻一代的欢迎。就公共文化服务领域而言，在国家层面，应当重点围绕公共文化服务体系建设的重大科技需求，发挥文化和科技相互促进的作用，将公共数字文化产品研发纳入科技发展专项规划，深入实施国家文化科技创新工程。五是推动利用宽带互联网、移动互联网、广播电视网和卫星网络提供公共文化服务。一方面公共文化服务的现代传播应当充分利用现有国家信息基础设施，结合国家文化科技创新工程、“宽带中国”和“智慧城市”等国家重大信息工程建设，打造全域化、标准统一和互联互通的数字化公共文化服务网络，而不需要重复建设、另搞一套专用于公共文化服务的国家信息基础设施。另一方面，灵活运用宽带互联网、移动互联网、广播电视网和卫星网络等多种手段，拓宽公共文化资源传输渠道，推进公共数字文化服务的开展，使人们更方便地通过多种新型终端获取阅读资源、视听资源，进行文化鉴赏、参与公共文化活动，解决城市社区、农村基层公共文化服务的“最后一公里”问题。六是加强基层公共文化设施的数字化和网络建设。包括面向管理的信息化建设，主要是丰富数字资源建设，优化业务工作流程，完善需求反馈机制，提高智能管理水平。也包括面向服务的数字和网络能力提升，主要通过配置数字化服务设施设备，提供有线与无线网络接入服务，实现远程资源提供和自助服务，增强服务信息发布、文化活动组织等互动能力，促进全民阅读、全民普法、全民健身、全民科普和艺术普及、优秀传统文化传承活动的广泛开展。还包括实体数字体验空间建设。在有条件的地方，充分利用各类技术平台、服务网络，打造基层公共文化设施的实体数字体验空间，可设立阅读、舞蹈、音乐、书法、绘画、摄影、培训等互动数字体验专区，创新公共文化服务提供方式。

67. 我国公共数字文化服务建设的现状如何?

新世纪以来，国家相继实施了全国文化信息资源共享、数字图书馆文化馆博物馆建设、直播卫星广播电视公共服务、农村数字电影放映、数字农家书屋、城乡电子阅报屏建设等重点项目，带动了基层公共文化服务机构数字化水平跨越式发展，公共数字文化资源建设群初具规模，公共数字文化服务手段不断创新，公共数字文化服务能力显著提升。

（1）全国文化信息资源共享工程。为适应信息化快速发展的时代背景，缩小城乡数字鸿沟，丰富公共数字文化产品供给，增强基层公共文化服务能力，2002 年 4 月，文化部、财政部正式在全国实施文化信息资源共享工程（以下简称文化共享工程）。文化共享工程利用现代信息技术，依托各级图书馆、文化馆等公共文化设施，通过互联网、卫星网、广播电视网、无线通信网等新型传播载体，在全国范围内实现中华优秀文化资源的共建共享。该工程连续被纳入《国民经济和社会发展第十一个五年规划纲要》《国民经济和社会发展第十二个五年规划纲要》《2006—2020 年国家信息化发展战略》《国家基本公共服务体系“十二五”规划》《国家“十二五”文化改革发展规划纲要》等国家重要发展计划，被称为全国农村文化建设“二号工程”。在服务网络方面，经过十余年的发展，文化共享工程已基本建立覆盖城乡的六级公共数字文化服务网络，建成 1 个国家中心，33 个省级分中心，333 个地市级支中心，2843 个县级支中心，31377 个乡镇公共电子阅览室，21332 个街道（社区）公共电子阅览室，与中组部全国党员干部现代远程教育网联建 70 万个村（社区）基层服务点。在资源建设方面，文化共享工程数字资源总量累计达到 412TB。其中，中央本级整合普适性数字资源达到 60TB，主要针对农村群众、社区群众、少数民族群众、少年儿童、视障人群等对象，研发、定制了集内容、系统、终端于一体的惠农系列资源包、社区文化生活馆、少数民族语言资源、科普视频库、心声音频馆、公共数字文化基础包等资源服务产品。地方建设数字资源总量达 352TB。在平台建设方面，已经建成中国文化网络电视、国家公共数字文化支撑平台、边疆万里数字文化长廊、国家数字文化网等多类型、多媒体平台，融权威信息发布、特色资源推送、业界交流共建于一体，影响力逐步增强。

（2）公共电子阅览室建设项目。2009 年，互联网快速发展，网吧场所吸引了大量青少年进入，一些网吧提供的不良信息内容给青少年的健康成长带来危害。在此背景下，根据中央领导要求，在有条件的社区、公共图书馆、学校、青少年宫、工人文化宫、妇女儿童活动中心及其他企事业单位，开辟面向基层群众、特别是面向青少年、进城务工人员的公益性上网场所，加快推进公益性电子阅览室建设，拓展绿色上网空间，更好地满足人民群众特别是广大青少年的精神文化需求。2010 年 10 月至 2011 年 12 月，在北京、天津、辽宁、山东、上海、浙江、广东、安徽、陕西等 9 省（市）开展公益性电子阅览室建设试点工作。2012 年 2 月 3 日，文化部、财政部联合下发《“公共电子阅览室建设计划”实施方案》，于“十二五”期间在全国实施“公共电子阅览室建设计划”，标志着“公共电子阅览室建设计划”全面实施。截至 2014 年 12 月，全国累计建设各级公共电子阅览室 55918 个。

（3）数字图书馆推广工程。20 世纪 90 年代以来，随着网络技术、信息技术和数字技术的迅猛发展，一些发达国家乃至发展中国家陆续将数字图书馆建设作为国家信息基础设施的重点工程和国家级战略研究方向，进行研究和开发。经过 20 多年的发展，数字图书馆已经成为数字化、信息化、网络化环境下图书馆新的发展形态，是利用信息技术拓展公共文化服务能力和传播范围的重要途径。基于上述背景，文化部、财政部决定于“十二五”期间在全国实施“数字图书馆推广工程”。截至2015年5月，全国共有包括少儿馆在内的38家省级图书馆和473家地市级图书馆开展了数字图书馆推广工程建设，各地图书馆在网络建设、软硬件平台搭建、资源建设等方面发展迅速，全国数字图书馆整体建设实力明显提升。在硬件采购方面，已有31家省级图书馆和258家市级图书馆完成硬件配置，各馆硬件基础条件的大幅提升，为推广工程软件平台部署、数字资源建设与服务提供了有效保障。在网络体系建设方面，已完成52家图书馆与国家图书馆的虚拟网联通，并可以通过虚拟网实现数字资源的访问。26个省（区、市）开展省内虚拟网搭建工作，累计联通地市级图书馆232家。此外，国家图书馆直连各省级图书馆，具备更高传输带宽和速度的专网建设全面开展，已完成34家省、市级图书馆专网建设工作。在系统平台搭建方面，根据《数字图书馆推广工程软件配置方案》，国家图书馆结合各地条件和需求，陆续开展数字图书馆业务平台的部署。国家图书馆面向省、市级必配系统平台累计完成部署工作157馆次。在资源建设方面，推广工程向全国各级公共图书馆共享数字资源总量超过140TB，向少数民族地区推送的镜像资源量近40TB。联合全国省、市级图书馆共同开展资源建设，充实资源建设主体，同时拓展资源建设内容。已建设发布政府信息数据44万余条、收集自建资源元数据19万余条。在新媒体服务方面，逐步加大对新媒体服务的推广力度，持续推动移动数字图书馆建设及数字电视服务。数字图书馆移动阅读平台共开通145个地方分站，为广大读者提供7万余册优质电子图书及500余种电子期刊资源，实现了手机、平板电脑等移动终端对推广工程共享资源的访问。在技术条件成熟的地区，为当地公共图书馆开展电视服务提供技术和资源支持，目前已与5家图书馆开展项目共建。

（4）城乡公共阅报屏（栏）建设。城乡公共阅报屏（栏）建设工程是新闻出版公共服务体系的重要组成部分，是《国家基本公共服务体系“十二五”规划》和《新闻出版业“十二五”时期发展规划》确定的重大项目工程。截至2013年年底，全国23个省、自治区、直辖市共投资7.88亿元建电子阅报屏42555座、传统阅报栏30620座。2015年，为深入贯彻落实中办国办印发的《关于加快构建现代公共文化服务体系的意见》，国家广电总局会同有关部门研究落实推进公共场所阅报栏建设和综合性文化服务中心建设规划和政策。统筹实施数字农家书屋、城乡电子阅报屏建设等项目，构建标准统一、互联互通的公共数字文化服务网络，在基层实现共建共享。在城镇主要街道、公共场所、居民小区等人流密集地点设置阅报栏或电子阅报屏，明确建设维护责任，及时提供时政、“三农”、科普、文化生活等方面的信息服务，并加强维护保养，做到外观新、内容新，使得阅报栏成为基层公共文化服务的亮丽风景线。

68. 我国数字文化产品开发和生产现状如何？

数字文化产品是用于满足人们文化消费需求的数字化、网络化资源和服务，如数字出版、数字影音、数字游戏、数字动漫、数字学习等基于虚拟现实和互联网络的各类数字内容，是新一代数字技术和网络技术应用渗透到文化领域形成的新兴产业。由于数字文化产品适应技术发展潮流，引领时代消费风尚，内容丰富、使用便捷，深受数字网民群体的欢迎。据统计，截至 2016 年 6 月，我国网民规模达 7.10 亿，互联网普及率达到 51.7%，手机网民 6.56 亿人。其中，10 岁至 39 岁的青年、少年网民群体达到 5.30 亿，占整体的 75%左右，是数字文化产品的主要消费人群。为了满足人们日益增长的数字文化消费需求，国家应当大力支持开发数字文化产品，占领新兴产业的生产和服务高地。

我国数字文化产品的开发和生产在 2009 年以前处于萌芽阶段，之后随着国家政策和科技演变而逐步发展完善。2011 年 3 月印发的《国民经济和社会发展第十二个五年规划纲要》提出，发展数字内容服务，大力发展文化创意、影视制作、出版发行、印刷复制、演艺娱乐、数字内容和动漫等重点文化产业；2014 年 2 月，国务院印发《国务院关于推进文化创意和设计服务与相关产业融合发展的若干意见》，该意见提出促进文化产业与科技的融合，包括移动互联网在内的数字文化产业、动漫、手游等文创企业都将获得政府支持。

2016年年初，“数字创意产业”首次出现在国务院政府工作报告中，并且被纳入《国民经济和社会发展第十三个五年规划纲要》，成为经济发展的重要动力。

目前，我国数字文化产品的开发和生产进入高速发展时期。据统计，2015年，我国与数字文化产品开发和生产有关的企业达到36948家、近384万从业人员，产业规模达到5939亿元，同比增长22.9%，产值占整个文化产业的比重达到21.81%。在几大领域中，数字出版增长速度快，数字动漫衍生市场潜力大，数字影视受众广泛爆发强，数字游戏业的电竞、VR是新增长点，数字学习结合语音识别、人工智能等技术将有更多应用。

（1）数字出版。2015年，我国数字出版产品的产值达到96亿元，同比增长33.3%。目前，我国数字出版产品的开发、生产和运营显现出新思路、新方法：一是新商业模式逐渐显现，由过去单纯依靠用户付费的商业模式正在逐渐向“创造优质IP为其他易变现的内容产业输血”过渡；二是促进数字文化内容资源统筹协调、整合升级，提升利用效率，将作家和读者连接起来，推动优质内容加快系统化、市场化步伐。

（2）数字动漫。2015年，我国数字动漫产品产值达到1387.8亿元，同比增长28.0%。全国通过认定的动漫企业累计数量达到730多家，其中重点企业43家。目前，我国数字动漫产品的开发和生产呈现出鲜明的特点：一是向着多屏幕、一体化，PC、手机、平板、电视等多屏协同发展；二是注重软件硬件结合，平台 + 内容 + 终端的方式会成为未来数字动漫产品的主流；三是优质数字动漫产品内容成为各大动漫网站的核心竞争力，优质动漫版权资源开发、竞争呈现白热化局面。

（3）数字影视。2015 年，我国数字影视产品产值达到 593.7 亿元，同比增长 39.9%。截至 2015 年 12 月，我国数字影视用户规模达 5.04 亿，较 2014 年底增加 7093 万，用户使用率为 73.2%，较 2014 年底增加了 6.5 个百分点。目前，我国数字影视产品的开发和生产呈现出新动向：一是在硬件设备上，许多企业涉足手机、电视、盒子等视频收看硬件设备制造及 VR（虚拟现实）设备的开发，抢占硬件入口加强生态布局，构建产业生态圈；二是在产业布局上，加大对原创内容的开发，以优质内容为基础，与泛娱乐产业链上的文学、游戏、动漫各板块深度联动，将优质内容变现，在大的文化娱乐平台上互相打通推广，发挥内容的最大价值。

（4）数字游戏。2015 年，我国数字游戏产品产值达到 1423.9 亿元，同比增长 28.6%。截至 2015 年 12 月，数字游戏中网络游戏用户规模达到 3.91 亿，较 2014 年底增长了 2562 万，占整体网民的 56.9%，其中手机网络游戏用户规模为 2.79 亿，较 2014 年年底增长了 3105 万，占手机网民的 45.1%。目前，我国数字游戏产品的开发和生产发生了新变化：一是开发和生产模式的变化，由单一产品到多样化产业生态的新型商业模式；二是开发和生产方向上的调整，由以 PC 端为主到移动设备和 PC 端齐头并进、两翼齐飞的局面；

三是新技术与设备的多样化正推动着网络游戏开发到生产的革命性变革，以虚拟现实技术（VR）和增强现实技术（AR）为基础的游戏设备正逐渐走入人们的视野。

（5）数字学习。2015 年，我国数字学习产品产值达到 1192 亿元，同比增长 19.4%。数字学习产品主要包括在线平台类、题库类、教育 O2O（线上线下相结合）类及内容工具类等。目前，我国数字学习产品的开发和生产呈现新景象：一是产业的联合越来越多，数字学习产品加速与 VR、AR（增强现实技术）等新技术的融合，为用户带来新的使用体验；二是向移动端数字学习产品过渡，随着移动互联网的崛起，数字学习产品也逐渐平移到手机移动端，教育类应用在移动端的普及率将飞速提高；三是向二三线城市进发，在一线城市逐渐完成对在数字学习产品的初步探索之后，将向二三线城市进发。

69. 为什么要加强流动文化服务?

流动文化服务，是指通过资源配送、服务延伸、城乡联动、区域交流等方式开展公共文化服务的一种形态。流动文化服务是解决偏远地区、人口稀疏地区、公共文化设施覆盖盲区、公共文化服务空白地区等特殊区域享有基本公共文化服务的有效方式。公共文化服务保障法第三十四条规定，地方各级人民政府应当采取多种方式，因地制宜提供流动文化服务。

2014 年 5 月，文化部出台《关于加强流动文化服务工作的意见》（文公共发〔2014〕21 号），要求各级公共文化机构成为流动文化服务的骨干和支撑，公共文化机构配备与需求相适应的流动文化服务设备，流动文化服务网点基本健全，区域文化交流广泛开展，通过实施图书馆、文化馆总分馆制，实现行业文化资源流动共享，培育一批不同层次、各具特色的流动文化服务品牌，建立科学规范的流动文化服务工作机制和管理模式，使流动文化服务成为现代公共文化服务体系建设的重要组成部分。2015 年 1 月出台的《国家基本公共文化服务指导标准（2015—2020 年）》也明确要求，根据基层实际，为每个县配备用于图书借阅、文艺演出、电影放映等服务的流动文化车，开展流动文化服务。地方各级人民政府采取多种方式，因地制宜提供流动文化服务，具有重要意义。

首先，填补服务空白。一方面，我国农村基层特别是老少边穷地区，公共文化服务基础设施薄弱，公共文化服务仍然存在盲区，很难形成良好的服务能力；另一方面，在这些地区建设公共文化服务的固定设施成本高、周期长、利用率低，造成资源配置效率低下，不经济、不可行。所以，借助流动文化服务机动灵活、简便易行的独特优势，将文化服务输送到远离城镇的偏远地区，可以在弥补文化服务空白、满足群众基本文化需求的同时，提升相关地区的文化服务效能。比如，一辆流动文化服务车可以承载着图书、展品、小型文艺演出队，以定时、定点的方式开展流动文化服务，以流动的方式把公共文化服务输送到老少边穷地区，让这些地方的公众也能享受到公共文化服务，从而体现了公共文化服务的公益性、基本性、均等性和便利性。再比如，依托数字文化工程开展流动文化服务，发挥全国文化信息资源共享工程、数字图书馆推广工程、公共电子阅览室项目的资源优势和传播优势，为流动文化服务提供数字资源支持、搭建对接平台并开展宣传推广。再如，依托农村电影放映工程开展流动文化服务，在送电影进农村的同时，扩大服务范围，有针对性地把电影送到中小学校、社区、军营、厂矿、农场等地，增加影视宣传、影视知识讲座等服务内容。

其次，盘活文化资源。加强流动文化服务，有利于盘活公共文化资源，依托图书馆、群艺馆、文化馆和文化站等各类公共文化机构及其服务，使各机构的公共文化服务资源左右联动、上下联通，提高公共文化服务效能和范围，使群众能够便捷地享受品种丰富、形式多样、内容优质的文化服务。比如，依托图书馆开展的图书漂流、图书换读、馆际互借活动，依托基层群众文艺剧团开展的县际演出互借互换活动，依托基层文化馆（站）开展的文化展览交流互换活动等。不同地区之间的公共文化服务资源得到流转、传递和交换，本地公众无须走出社区村镇，便可享受到来自其他区域的优质公共文化资源，品味各地特色文化内容，满足自身文化需求。

第三，创新服务方式。为了提供更优质的流动文化服务，有关部门之间积极协调配合，突破部门壁垒，打通沟通渠道，将各公共文化服务机构的优质文化资源统筹整合，创新服务手段，打造新型服务。例如，流动文化服务与集政策宣传、文体娱乐、知识普及等多功能于一体的“流动文化加油站”，近年来成为流动文化的一项创新形式。再如，青少年宫的职能与流动文化服务结合打造的新型“流动青少年宫”，走进学校和社区，将青少年群体与公共文化服务距离拉近，通过这种新颖的服务方式让孩子们足不出户便可享受优质文化服务资源。又如，整合省级、市级群众艺术馆、文化馆（站）资源，打造的新型综合性的“流动演出服务网”，将各类公共文化服务资源一站式打包送到百姓身边，人民群众无须往返于各个独立的公共文化服务机构，提升了服务效率，增强了老百姓的获得感和幸福指数。

70. 促进城乡公共文化服务均等化的重点任务是什么？

公共文化服务保障法第三十五条第一款规定，国家重点增加农村地区图书、报刊、戏曲、电影、广播电视节目、网络信息内容、节庆活动、体育健身活动等公共文化产品供给，促进城乡公共文化服务均等化。这一规定，指明了促进城乡公共文化服务均等化的重点任务。

公共文化服务是以全体人民为服务对象，均等化是最核心的理念、最显著的特点。公共文化服务均等化的含义，是指政府要为社会公众提供基本的、与经济社会发展水平和群众需求相适应的、大致均等的公共文化产品和服务。由于城乡二元结构的长期存在，优质文化资源和服务，相对集中在城市区域。而农村地区，文化基础设施相对落后，现有资源尚未得到有效利用，文化产品和服务供给不足，文化活动相对贫乏，城乡文化发展水平差距较大。所以，促进城乡公共文化服务均等化，必须重点增加农村公共文化服务产品供给，扩大农村公共文化资源和服务总量。2015 年 1 月，中办国办印发的《关于加快构建现代公共文化服务体系的意见》，也明确要求根据城镇化发展趋势和城乡常住人口变化，统筹城乡公共文化设施布局、服务提供、队伍建设、资金保障，均衡配置公共文化资源。

农家书屋工程是党中央实施的公共文化服务五大重点工程之一。书屋建设从 2005 年开始试点，2007 年全面推开，截至 2012 年年底，共建成农家书屋 600449 家，覆盖了全国有基本条件的行政村。建设阶段，每个农家书屋按照 2 万元标准建设，配备不少于 1200 种、1500 册图书，20 种报刊，100 种音像制品和电子出版物。2016 年起，中央财政设立中央补助地方公共文化服务体系建设专项资金，支持和引导地方落实国家基本公共文化服务指导标准和地方基本公共文化服务实施标准，农家书屋标准为每年每个农家书屋补充图书不少于 60 种（册）。

农家书屋工程实施以来，共向广大农村配送图书 10 亿多册。农民人均图书拥有量从农家书屋实施以前的人均 0.13 册增长到人均 1.25 册，增长了近十倍。农民图书阅读率也从农家书屋工程实施前的 43%，增长到 2016 年的 49.7%；图书阅读量从人均 3.3 本增长到 2016 年的 3.61 本。农家书屋工程从根本上解决了农村没有书、农民读书难的问题，让亿万农民享受到了文化改革发展的成果，在缩小城乡文化差别、增强农民文化自信、推动城乡文化协调发展和农村精神文明建设上做出了重大贡献。

根据农村特点和农村居民需求，农村地区公共文化产品供给的种类，重点是图书、报刊、戏曲、电影、广播电视节目、网络信息内容、节庆活动、体育健身活动等。（1）图书、报刊，是深入开展全民阅读活动的传统纸质资源，是推进全民阅读进农村、进社区、进家庭、进学校的重要文化产品，是形成全民阅读氛围、无处不在的重要媒介载体。据统计，截至2016年6月，农村地区网民数量不到总数的27%，尤其是老人、妇女、儿童，不会、不愿、不能上网仍然占据大多数。因此，传统的图书、报刊仍然是农村地区群众重要的阅读媒介。（2）戏曲，在广大农村地区具有悠久的历史、独特的魅力和深厚的群众基础，是人民群众生活、劳作、习俗的文化映射，是“望得见山、看得到水、记得住乡愁”的文化基因，是中华优秀传统文化的重要载体。同时，戏曲又具有很强的区域性，“百里不同风、十里不同俗”，地方戏曲很难被区域外群众广泛接受。因此，在农村戏曲配送时，要充分关注区域特色、地方特点、百姓偏好。（3）电影，是人民群众喜闻乐见的文化产品，既具有文化娱乐性质，又具有文化教育功能。农村地区文化娱乐方式相对较少，每逢优秀电影放映，如同过年过节，百姓奔走相告，走街串巷谈论电影。因此，农村电影不仅能够很好满足农村群众日益增长的精神文化生活需要，而且能够占领农村文化阵地，对于宣传党和国家的路线方针政策，发展农村先进文化，普及科学技术知识，提高农村群众的思想道德、法治观念、科学文化素质，都具有十分重要意义。（4）广播电视节目，能够进村入户，是农村地区群众使用最为广泛、最为普及的文化产品，急时可以起到应急救灾作用，忙时可以起到支农惠农作用，闲时可以提供文化娱乐服务，既适合农村地区群众居住特点和欣赏习惯，又能让党和政府的声音进入千家万户，是富民、育民、乐民的有效载体。结合农村地区需求特点，广播电视节目也要增强针对性和实用性，适当增加健康知识、生活常识、农业技术、致富信息、普法教育等与提升当地群众生产生活能力的内容，多安排地方小曲小戏等农民爱看的节目。（5）网络信息内容，是适应时代发展需要而产生的新型文化产品。当前，互联网已经渗透到社会生活的各个层面，不断改变着人们的生活方式，塑造着全新的生活形态。但是，据统计，截至 2015 年 12 月，农村地区互联网普及率还不到 32%，而城镇互联网普及率已超过 67%；在不会使用网络的群体中，超过 62% 是农村人口。这表明，技术发展带来的信息获取“数字鸿沟”，将加深城乡二元结构分化。因此，要重视和加强农村互联网发展，丰富网络信息内容供给，缩小城乡“数字鸿沟”、消除城乡之间的信息壁垒、化解二元结构的诸多矛盾。（6）节庆活动，富有地方特色，是中华传统文化的有机组成，是农村群众喜闻乐见、集体参与的重要载体。每年的“元宵节”“三月三”“端午节”“中秋节”“重阳节”等节庆活动，都会成为农村群众广泛参与的全民性活动。利用节庆活动，增加农村文化供给，贴近实际、贴近生活、贴近群众，有助于弘扬中华民族优秀传统文化，有助于培育和弘扬社会主义核心价值观。（7）体育健身活动，关系人民群众身体健康和生活幸福，随着城乡居民体育健身意识增强，参加体育锻炼的人数显著增加。农村地区的体育健身活动，应当遵循“因地制宜、业余自愿、小型多样、就近就便”的原则，组织开展传统武术运动、冰雪运动、户外运动、群众登山、江河横渡、元旦登高、春节长跑、健身大拜年、妇女健身展示等形式多样、丰富多彩的全民健身活动。

面向农村提供的公共文化产品，要贴近群众生产生活实际，根据时代的特点和农民群众精神文化需求的变化，不断更新产品内容，创新活动形式，增强产品和服务的针对性、有效性。一是建立供需对接机制，主动调查了解农村文化需求，按需生产，形成“菜单式”“点单式”公共文化产品和服务供给方式，完善农家书屋出版物补充更新机制，组织“深入生活 扎根人民”主题实践活动，引导出版单位对接群众文化需求。二是紧密结合农民脱贫致富的需求，倡导他们读书用书、学文化、学技能，普及先进实用的农业科技知识和卫生保健常识。三是充分利用农闲、节日和集市，组织花会、灯会、赛歌会、文艺演出、劳动技能比赛等活动，推动全民艺术普及，开展“我的书屋·我的梦”农村少年儿童阅读实践活动，重点改善农村学生的阅读条件。四是以创建文明村镇、文明户、社会主义新家庭等为载体，积极引导广大农民群众崇尚科学，破除迷信，移风易俗，抵制腐朽文化，提高思想道德水平和科学文化素质，形成文明健康的生活方式和社会风尚。五是深化农家书屋延伸服务，根据实际需求将农家书屋的服务拓展到群众欢迎的地方，推动资源整合，提升精准服务，解决群众阅读便利性问题。

71. 在人流密集地区配备的必要的公共文化设施主要指什么?

人流密集地区，是指人员流动量较大的公共场所，如城市和乡镇车站、码头、机场，城市广场、大型商场，农村集贸市场等，以及务工人员较为集中的区域，如大型制造企业、工业园区、工矿区等务工人员生产生活密集区和建筑工地等务工人员临时性聚居区。公共文化服务保障法第三十六条规定，地方各级人民政府应当根据当地实际情况，在人流密集地区配备必要的公共文化设施，提供便利可及的公共文化服务。这里所说的必要的设施，主要指一些自助式、小巧型、流动式公共文化服务设施。

（1）自助式文化设施。如24小时自助图书馆、文化驿站等，指由公众自主利用、无人值守的文化设施。24小时自助图书馆，主要包括两大类型。一类是置放在街头的ATM自助借还机。这类机器设备，主要采用RFID技术，将图书馆的主要功能集成于一台机电一体化的设备上，集借书、还书、查询、续借、办证多功能为一体，公众可随时随地在ATM自助机上，自主完成办证、借还书等功能。另一类是拥有实体空间、馆藏较为丰富的新型24小时自助式公共阅读设施。如近年来不少地方出现的“图书馆驿站”“城市书房”等，空间小的几十平方米，大的几百平方米，通常配有自助式办证机、借还机，同时配备视频监控、门禁系统、报警系统等辅助设备，为公众提供图书查询、借还、阅览、办证及上网等智能化服务。有条件的地方，还可配备图书消毒柜、自助售卖机等自助设备，以满足多样化需求。

（2）小巧型文化设施。如公共阅读栏（屏）、公共阅读一体机等便于设立、迁移，方便公众利用的文化设施。公共电子阅报屏是传统阅报栏的升级换代产品，每天由后台播控系统实时传输更新内容，兼顾了传统媒体权威发布和数字媒体快速、及时的优势，是集文字、图片、图表、音视频于一体的大容量、宽视野、可触摸、互动型的多媒体显示终端，通过无线网络传输，可远程实时操作、定时开关机。用户只需用手指轻轻点击屏幕即可翻页阅读，两个手指就可轻松实现报纸的放大缩小，阅报更方便。除了可以阅读报纸，公共电子阅报屏还可以滚动发布公益广告，提供时政、“三农”、科普、文化生活、健康文摘等方面的信息服务，查阅城市地图、公交线路，播放各种精彩的文体传媒视频，可以随时随地近距离体验数字化生活服务。公共阅读一体机等数字设备，可以存放大量的视频、电子书等数字资源，相当于一个小型的数字图书馆。公众用智能手机等终端设备，通过扫一扫等方式，可以在线访问、带走一体机的数字资源。

（3）流动式文化设施。如流动图书车、流动文化车、流动舞台车等，提供流动文化服务，将当地人民群众、务工人员喜闻乐见、健康向上的图书报刊、文艺演出、文化展览、电影、科技知识等送到他们身边。

此外，还可以利用人流密集地区的现有社会设施，叠加公共文化服务。如利用广场、车站的电子屏播放公共文化服务信息，利用公交车、地铁打造“流动的公共文化服务”，等等。

72. 公共文化服务怎样体现公民的自我创造、自我表现和自我服务?

公共文化服务保障法第三十七条规定，国家鼓励公民主动参与公共文化服务，自主开展健康文明的群众性文化体育活动。在此之前，党的十七届六中全会通过的《中共中央关于深化文化体制改革推动社会主义文化大发展大繁荣若干重大问题的决定》指出，引导群众在文化建设中自我表现、自我教育、自我服务。

鼓励公民主动参与公共文化服务，是因为人民群众既是公共文化服务的对象，也是文艺创作和文化活动的主体。文化的根脉深植于民间，文化的活力源自于群众。群众自创自办、自编自演、自娱自乐，自主开展的群体性文化体育活动，往往人气旺、带动强、花钱少、效果好，最能有效地体现人民群众主体地位，对于激发人民群众的文化自觉和文化自信，增强造血功能有重要意义。

自主开展健康文明的群众性文化体育活动，是指人民群众广泛参与，自愿自发、自行投入，不以营利为目的的文化活动，具有鲜明的群众自我创造、自我表现、自我服务、自我教育特色。如广场文化活动、社区文化活动、民俗文化活动、节庆文化活动，以及各类自发性文化活动等。

公共文化服务体现公民的自我创造、自我表现和自我服务，主要表现在以下方面。（1）广泛开展群众性文化活动，提高社区文化、村镇文化、企业文化、校园文化等建设水平，引导群众在文化建设中自我表现、自我教育、自我服务。（2）积极搭建公益性文化活动平台，依托重大节庆和民族民间文化资源，组织开展群众乐于参与、便于参与的文化活动。同时，支持群众依法兴办文化团体，精心培育植根群众、服务群众的文化载体和文化样式。（3）大力发展文化志愿服务活动，鼓励有意愿、有能力的公民成为文化志愿者，使公民在文化志愿服务活动中，实现自我创造、自我表现和自我服务。（4）推广大众文化优秀成果，在全社会营造鼓励文化创造的良好氛围，让蕴藏于人民群众中的文化创造活力得到充分发挥。

73. 公共文化服务怎样与学校教育紧密结合？

在校学生是国家公民的组成部分，享有公民应有的基本文化权益。在校学生是国家未来发展的有生力量，提升在校学生思想道德文化素养，是现代公共文化服务体系建设的重要任务。同时，《中华人民共和国义务教育法》《中华人民共和国未成年人保护法》等相关法律，都充分体现出国家、各级人民政府和全社会都应当把在校学生作为保护、培育和服务的重点人群。公共文化服务保障法第三十八条规定，地方各级人民政府应当加强面向在校学生的公共文化服务，支持学校开展适合在校学生特点的文化体育活动，促进德智体美教育。深入推进公共文化服务与学校教育紧密结合，主要从以下方面入手。

首先，明确责任主体。加强面向在校学生的公共文化服务，保障在校学生文化权益，丰富校园文化生活，提升在校学生文化素养，属于各级地方人民政府职责范畴。公共文化服务保障法第三十八条规定了地方人民政府是面向在校学生提供公共文化服务的责任主体。这一责任主体表述，与《中华人民共和国义务教育法》相一致。

其次，明确内容、方式和目的。在内容上，提供适合在校学生特点的文化体育活动。这类活动大致可以归纳出以下特点。一是在校学生以学为主，重在学习知识、经验和技能，文体活动要与基础学习和实践运用结合起来。二是在校学生一般是在学校和教师指导帮助下，有目的、有计划、有组织地开展文体活动，学校和教师的组织指导在在校学生文体活动中起着重要的作用。三是学生在校期间培育和形成科学的世界观和良好的道德品质十分重要，这也是寓教于乐开展文体活动的基本要求。四是在校学生文体活动都是在学校或班集体中进行的，文体活动中的团体意识、团队精神不可或缺。因此，在校学生公共文化服务内容相应具有寓教于乐、涵养品德的特点，应当有助于培育团队意识、探索精神和坚强意志。

在方式上，“支持学校”开展文体活动。地方人民政府可以采取直接方式或间接方式为在校学生提供公共文化服务，但在实际操作中，地方人民政府不可能过多地直接介入学校具体文体活动事务，因而，间接地“支持学校”面向在校学生开展文体活动是主要方式。地方人民政府“支持学校”开展文体活动有多种路径。一是把支持学校开展文体活动纳入地方人民政府公共财政保障范畴，这符合《中华人民共和国义务教育法》第四十二条第一款的规定，即国家将义务教育全面纳入财政保障范围，义务教育经费由国务院和地方各级人民政府予以保障。二是利用当地的公共文体设施为学校开展课外、校外文体活动提供支持，这也符合《中华人民共和国义务教育法》第三十七条规定，即社会公共文化体育设施应当为学校开展课外活动提供便利。公共文化设施和单位应结合免费或者优惠开放，加强基本服务项目和特色服务项目的推广，尽可能地面向在校学生提供服务。特别是在公休日和学校寒暑假期间，结合在校学生的课外活动，提供符合在校学生特点的服务项目。三是利用各种资源和力量，组织开展全民阅读、全民普法、全民健身、全民科普和艺术普及、优秀传统文化传承活动。中办国办《关于加快构建现代公共文化服务体系的意见》明确要求，开展优秀文化遗产、高雅艺术进校园。在实践中，各地已普遍实施书法进校园，有的还将本地特色非遗、戏曲作为课堂教学、学习传承的重要内容，在丰富在校学生文体活动方面取得了良好成效。

在目的上，促进在校学生德智体美教育。在校学生正处在身心、智力、品德成长发育阶段，健康发展、全面发展至关重要。地方人民政府支持学校开展适合在校学生特点的文体活动，正是要促进学校德智体美教育全面均衡发展，为国家培育身心健康、品德高尚、智力健全、富有审美情趣的合格人才。学校文艺活动重在丰富校园文化生活，陶冶学生情操，寓教于乐地提高学生思想道德和艺术审美素养；学校体育活动重在引导学生学习、掌握体育健康知识与技能，学习科学的锻炼方法，增强体质、锤炼意志，培养学生的创新能力和团队精神，养成终身参加体育锻炼的良好习惯，促进学生身心健康发展。

74. 公共文化服务怎样促进军民文化融合？

军队基层文化建设和军营文体活动，是传承和弘扬军队优秀传统、培育军人核心价值观念、优化军营文化环境、活跃军队文化生活、陶冶官兵情操、增长知识才干、促进部队全面建设的重要任务之一。2010 年新修订的《中国人民解放军政治工作条例》规定，建设军营文化、改善文化设施、装备和环境，组织开展群众性文化体育活动。2014 年解放军总参谋部、总政治部、总后勤部、总装备部新修订颁发的《军队基层文化建设规定》对军队基层文化建设的指导思想、目标任务、原则要求、主要内容等提出了具体要求。公共文化服务保障法第三十九条对地方人民政府加强和促进军民文化融合作出了规定。

军队文化建设和军营文体活动离不开地方人民政府的大力支持。同时，随着军队建设的现代化，军民一体化融合发展进入全新阶段，包括文化资源在内的军地资源更好地配置和利用，有利于加快军队现代化进程。根据这一发展现实和趋势，地方人民政府应当在支持军队基层文化建设中承担起主体责任，把履行政府公共文化服务职能、面向军队提供基本公共文化服务，纳入地方现代公共文化服务体系建设，纳入地方经济社会发展总体规划，纳入地方公共财政保障，主动与军队协调推进，主动结合军队基层干部战士的文化需求精准提供公共文化服务。

地方人民政府支持军营文体活动，一是结合全民阅读，根据军营干部战士阅读需求特点，组织公共图书馆面向军营提供阅读推广、流动借阅、送书上门、送数字阅读资源等服务，支持军队开展健康有益的阅读活动。二是结合全民艺术普及，组织博物馆、美术馆、文化馆及有关文艺团体到驻军部队巡回演出，组织艺术骨干指导部队开展文艺创作，向部队赠送所需的文艺装备器材，帮助部队开展文学、音乐、舞蹈、书法、绘画、戏曲、曲艺、影视、摄影及非遗传承等知识、欣赏、技能、活动的普及和培训，帮助部队培育文艺骨干、排练文艺节目、开展文艺演出活动，提高干部战士文化艺术素养。三是结合全民普法，送法律服务进军营，帮助部队及官兵解决涉法问题，提供免费法律援助，组织专家开展法律知识讲座，为部队赠送法律书籍，提高官兵的法律知识水平。四是结合全民科普，发挥地方科技优势，送科学技术进军营，为部队提供科技信息、赠送科技图书，组织专家到军营开展科普知识讲座，提高官兵的科技知识水平。五是结合全民健身，送体育活动进军营，向部队赠送所需的体育装备器材，帮助部队组建特色体育运动团队，组织开展军地体育竞技比赛，邀请部队组队参加地方组织的各种体育活动，增进军民情感。六是结合全民优秀传统文化传承，组织开展中华优秀传统文化和地方特色文化传承、推广活动进军营，在丰富军营文化生活的同时，增强军队干部战士爱国热情和凝聚力量。

公共文化促进军民融合，主要从以下方面着手：一是军民文化体育设施融合。军队不可能大量建设所需的文化体育设施，需要得到地方公共文化体育设施的支持，地方人民政府应当着力推动各级各类公共文化体育设施面向军队干部战士优先免费或者优惠开放，在条件允许的情况下，地方人民政府还可以通过线上与线下结合、固定与流动结合的方式，为军队提供所需的数字文化服务和流动文化服务。二是军民文化体育资源融合。军队文化体育资源建设有一定特殊性，但在充分尊重军队文化体育资源建设特殊性的前提下，地方人民政府、文化部门和公共文化服务单位，可以面向军队提供所需的文化体育资源，如中华优秀文化经典资源、地方特色文化资源、生活技能民用技术学习资源等，以积极健康、生动活泼的文化资源丰富军队业余文化生活。三是军民文化体育人才培养融合。办好军队文化体育，人才是关键。地方人民政府应当发挥地方人才优势，帮助军队培育文化体育骨干人才、组建特色文化体育团队，增进军队开展文化体育活动的“造血”机能。四是军民文化体育活动融合。在实践中，文化体育活动已是军民融合的重要纽带和载体。地方人民政府应当更加自觉地推进军民融合型文化体育活动，精心搭建军民融合文化体育活动平台，组织开展丰富的文化体育竞赛交流活动，培育军民融合文化体育活动品牌，建立地方与军队联合开展文化体育活动的常态化协调机制。

此外，地方人民政府还可以结合现阶段军队干部战士文化体育需求特点，推进全民阅读、全民普法、全民健身、全民科普和艺术普及、优秀传统文化传承进军营、进连队，组织文化志愿者、文化志愿团队与军队基层协同开展生动活泼的军民文化联谊活动，组织引导有关社会力量开展丰富多彩的文化艺术拥军优属活动，协调组织社会各界在重大节日到驻军部队演出慰问等。

75. 国家加强民族地区公共文化服务的原则和措施是什么？

加强少数民族文化工作，加快民族地区文化事业发展，满足少数民族群众基本文化需求，对于提高各族群众文化素养、促进民族团结和社会稳定、提高文化认同和国家认同，增强中华民族凝聚力具有重要而深远的意义。公共文化服务保障法第四十条对国家加强民族地区公共文化服务的原则和措施作出了规定，包括以下几方面的内容。

（1）加强民族语言文字文化产品供给。改革开放以来，中央和地方各级人民政府十分重视民族地区文化工作，采取一系列政策和措施促进民族地区文化事业发展。但是总体上看，民族地区文化建设仍相对滞后，与发达地区相比仍有较大差距。主要表现是，民族语言文字文化产品的供给、民族文化产品的创作生产、具有民族特色的群众性文体活动等供给不足，中华优秀文化产品的民族语言文字译制和传播较为缺乏。为了提高民族地区公共文化服务能力和水平，国家实施了一系列定向支持少数民族地区的文化惠民工程。如春雨工程——全国文化志愿者边疆行，以党的民族工作方针为指导，围绕各民族共同团结奋斗、共同繁荣发展的主题，以满足边疆民族地区人民基本文化需求为基本任务，以加强边疆民族地区公共文化服务内容供给和队伍建设为重点目标，以文化志愿服务为主要形式，以大舞台、大展台、大讲堂为基本载体，结对帮扶、供需对接、双向互动，搭建内地与边疆民族地区文化帮扶与交流平台，推动边疆民族地区基本公共文化服务均等化。春雨工程受到边疆民族地区群众普遍欢迎和社会各界的广泛关注，建立了一支热心公益、素质优良、结构合理、积极奉献的文化志愿者队伍，推出了一批惠及边疆民族地区群众的文化志愿服务品牌活动，形成了一套设计科学、行之有效的文化志愿服务机制，内地对边疆民族地区文化建设的支持和帮扶得到加强，内地与边疆民族地区的文化交流得到深化，边疆民族地区公共文化服务体系建设运行的质量和水平得到提升。2015 年 1 月，中办国办印发的《关于加快构建现代公共文化服务体系的意见》，进一步就加强民族语言文字文化产品的供给作出了部署，要求推动革命老区、民族地区、边疆地区、贫困地区公共文化建设实现跨越式发展。与国家扶贫开发攻坚战略结合，编制老少边穷地区公共文化服务体系建设发展规划纲要。推动民族地区广播电视播出机构在推广国家通用语言文字的同时，开办少数民族语言的频率频道，提高少数民族语言节目译制、制作、播映和传输覆盖能力；继续实施少数民族新闻出版“东风工程”，加强少数民族文字及双语出版物的出版发行和少数民族语言文艺作品的创作；推进少数民族语言文字网站建设。这些要求目前已逐步转化为国家加强民族语言文字文化产品供给的具体任务和工作要求。

（2）加强优秀公共文化产品的民族语言文字译制和在民族地区的传播。优秀公共文化产品是指内容积极健康、品种丰富多样、形式生动活泼，符合社会主义核心价值观，适宜用于各地公共文化服务的各类文化艺术产品和活动。适用于民族语言文字译制的优秀公共文化产品，主要指文学艺术、广播影视等优秀公共文化产品。加强优秀公共文化产品的民族语言文字译制和在民族地区的传播，重点是加强少数民族语文翻译出版工作，逐步增加中华古今优秀科学、历史、人文艺术经典，以及优秀影视作品的翻译出版，扩大国家广播电视电影在民族地区的有效覆盖。多年来，国家新闻出版广电总局持续加强民族文字出版基地建设、党报党刊和民族文字出版单位设施建设和设备配套，面向少数民族地区的公共文化产品生产供给能力显著上升。“十二五”期间，国家已在10个省（自治区）建有少数民族语影视译制中心。截至2015年年底，国家通过直播卫星平台播出少数民族语言的广播节目43套，电视节目48套，使少数民族群众能够收听收看到本民族语言的广播电视节目。中央人民广播电台和地方广播电台每天用21种少数民族语言进行播音。“十三五”期间，国家将持续加大投入力度，进一步加强优秀公共文化产品的民族语言文字译制和在民族地区的传播。

（3）鼓励和扶助民族文化产品的创作生产。每一个民族都有自己的传统艺术、风俗习惯、服饰、节日、美食、医药等，如傣族的泼水节、藏族的酥油茶、回族的穆斯林服饰，独具特色的各族文化成就了中华民族文化的丰富多彩、博大精深。丰富多彩、兼容并蓄是中华文化的根本特性，也是中华文化生生不息的生命力所在。在新的时代条件下，保护和传承各具特色的民族文化，丰富、弘扬和发展中华文化，对于增强国家文化认同，培育和弘扬民族精神，实现中华民族伟大复兴的中国梦，具有重要的意义。弘扬和发展中华文化，一个重要的命题和任务，就是大力鼓励和扶助民族文化产品的创作生产。新中国成立以来，党和国家制定了一系列政策和措施，促进了少数民族文化的发展。党的十八大以来，随着现代公共文化服务体系建设向纵深推进，鼓励和扶助民族文化产品创作生产进入到新的阶段。2013年12月23日，习近平总书记在中央农村工作会议上讲话时指出：在云南哈尼稻田所在地，农村会唱《哈尼四季生产调》等古歌、会跳哈尼乐作舞的人越来越少。习总书记的这段话对于鼓励和扶助民族优秀文化产品创作而言，具有十分重要的警示和鞭策作用。民族地区是中华文明重要的发源地，民族文化是中华文化的重要组成部分，是我国宝贵的精神财富，鼓励和扶助民族文化产品创作生产，既是贯彻落实习近平总书记系列重要讲话精神的具体体现，又是推进文化创新发展、加快民族地区文化建设的客观要求。

鼓励和扶助民族地区文化产品创作生产，一要秉持平等的态度，切实尊重少数民族文化艺术的特点和规律，维护好民族文化艺术的多样性，切实保障少数民族的文化权利。二要在鼓励和扶助民族优秀文化产品创作的同时，促进民族文化现代化，以现代化引领民族文化艺术创作生产，让民族文化艺术产品体现时代特征、融入现代社会。三要加强各民族之间的文化艺术交流，使各民族在文化艺术交流中相互了解、切磋、学习和借鉴，增进多样文化间的交流与合作，使各民族文化艺术产品更加丰富多彩。四要遵循民族文化艺术创作规律，建立起与社会主义市场经济体制相适应的有利于民族文化艺术创作生产的良性机制，确保民族特色文艺创作长期健康持续发展。五要加大对民族地区文化产品创作生产的投入，加强民族文化设施建设，加强少数民族文化队伍建设，大力培养少数民族文化艺术人才，促进民族文化创造性转化和创新性发展。鼓励和扶助民族文化产品的创作生产，各级地方人民政府还要鼓励和扶助少数民族文艺院团发展，支持少数民族文化艺术产品走向全国、走出国门，促进现代技术和手段在少数民族文化产品创作、生产和传播中的应用。各级文化部门要发挥群星奖、国家舞台艺术精品工程项目、国家艺术基金等的支持和引导作用，鼓励和扶助民族地区文艺工作者深入基层、深入群众、深入生活，创作生产更多体现民族风采和时代精神的优秀文艺作品。

（4）支持开展具有民族特色的群众性文化体育活动。我国少数民族人口占全国人口总数的10%左右，以“大杂居、小聚居”的格局分布在全国70%的疆土上，而且主要分布在边远地区。民族地区，常常是同一区域内有多个民族共同生活居住在一起，这些区域的民族文化，既各具特色、多样呈现，又和谐并存、相互融合。少数民族大多能歌善舞，文化体育活动既是民族地区“小聚居”群体传承、教育、认同的主要方式，也是不同民族“大杂居”相互交流、欣赏、切磋、学习、融合的主要方式。国家和各级地方人民政府、文化部门和公益性文化单位，支持开展具有民族特色的群众性文化体育活动，既有利于保护和传承民族特色文化，也有利于促进区域乃至全国的各民族文化交流、增进民族团结，还有利于因势利导扶持和引导民族地区特色群众性文化体育发展，使各民族和民族地区更紧密地融入中华民族大家庭之中。

支持开展具有民族特色的群众性文化体育活动，一要深入发掘少数民族优秀传统文化内涵，尊重、传承和弘扬少数民族优秀传统文化。二要加强政策扶助、资金支持和资源供给，协助策划举办具有民族特色的文化体育活动。三要重视发挥少数民族文化重要节日、纪念日的功能和效应，提高民族特色文化体育活动的影响力、感召力和参与率。四是要帮助民族地区基层开展丰富多彩的群众性少数民族文化体育活动，丰富民族地区基层群众文化生活。五是要鼓励和支持各级各类公益性文化设施和单位，为少数民族群众开展文化体育活动提供组织指导、设计策划、培训辅导、引领提升等服务，努力培育一批特色鲜明、内容新颖、形式多样的少数民族文化和体育活动品牌，活跃民族地区文化生活。

76. 加强政府购买公共文化服务有什么重要意义?

公共文化服务保障法第四十一条规定，国务院和省、自治区、直辖市人民政府制定政府购买公共文化服务的指导性意见和目录。国务院有关部门和县级以上地方人民政府应当根据指导性意见和目录，结合实际情况，确定购买的具体项目和内容，及时向社会公布。以此为标志，政府购买公共文化服务由政府政策上升为法律规定。

近十多年来，我国公共文化服务体系和制度建设不断推进，公共文化服务提供主体和提供方式逐步多样化，初步形成了政府主导、社会参与的公共文化服务供给模式。同时，与人民群众日益增长的公共文化服务需求相比，公共文化服务存在质量效率不高、规模不足和发展不平衡等突出问题，迫切需要政府进一步强化文化公共服务职能，创新公共文化服务供给模式，有效动员社会力量，构建多层次、多方式的公共服务供给体系，提供更加方便、快捷、优质、高效的公共文化服务。近年来，一些地方立足实际，积极开展向社会力量购买公共文化服务的探索，取得了良好效果，在政策指导、经费保障、工作机制等方面积累了不少好的做法和经验。实践证明，政府向社会力量购买公共文化服务，既是深入推进依法行政、转变政府职能、建设服务型政府的重要环节，也是规范和引导社会组织健康发展、推动公共文化服务社会化发展的重要途径，对于进一步深化文化体制改革，丰富公共文化服务供给，提高公共文化服务效能，满足人民群众精神文化和体育健身需求具有重要意义。

党的十八大强调，要加强和创新社会管理，改进政府提供公共服务方式。国务院对进一步转变政府职能、改善公共服务作出重大部署，明确要求在公共服务领域更多利用社会力量，加大政府购买服务力度。公共文化服务属于公共服务的范畴。各级人民政府要结合经济社会发展状况和人民群众的实际需求，因地制宜、积极稳妥地推进政府向社会力量购买公共文化服务工作，不断创新和完善公共文化服务供给模式，加快建设服务型政府。

77. 为什么要制定政府购买公共文化服务的指导性意见和目录？

公共文化服务保障法第四十一条规定，国务院和省、自治区、直辖市人民政府制定政府购买公共文化服务的指导性意见和目录。国务院有关部门和县级以上地方人民政府应当根据指导性意见和目录，结合实际情况，确定购买的具体项目和内容，及时向社会公布。根据本条规定，国务院和省、自治区、直辖市人民政府制定政府购买公共文化服务的指导性意见和目录。

所谓“指导性意见”，是指国务院和省、自治区、直辖市需向社会公开发布文件，将政府实施购买公共文化服务的目的、意义、品种、范围、服务对象、参与主体、参与程序、提供要求等告知全社会，为全社会各种有意参与的公共文化机构、社会专业组织、企业和个人等各类主体提供指引。2013年9月，国务院办公厅发布的《关于政府向社会力量购买服务的指导意见》（国办发〔2013〕96号）。2015年5月，国务院办公厅转发了文化部等部门《关于做好政府向社会力量购买公共文化服务工作意见》，即是国务院的“指导性意见”。

所谓“目录”，是“指导性意见”的具体化，结合具体的时间、地点和责任主体，将任务和要求落实在操作层面。省、自治区、直辖市，应当依据相应的指导意见向全社会公开购买公共文化服务的信息，引导全社会参与公共文化产品生产和提供，各级各类公共文化机构和相关社会力量可以此为指引，有序参与公共文化服务。2015年5月，国务院办公厅在转发了文化部等部门《关于做好政府向社会力量购买公共文化服务工作意见》，同时配套印发了《政府向社会力量购买公共文化服务指导性目录》。大部分省（区、市）也制定了实施意见和目录。

制定政府购买公共文化服务的指导性意见和目录，主要考虑三方面因素：一是充分考虑经济社会发展实际，立足当前、着眼长远，量力而行、尽力而为，不超前、不滞后，用足但不透支公共财力。二是充分结合现阶段人民群众基本文化需求，提高政府购买服务的引导性杠杆作用，消除无效供给，增加有效供给，实现精准提供。三是充分考虑结合经济社会发展和人民群众文化需求变化，及时调整政府购买公共文化服务的项目和内容，不断提高供给的有效性。

78. 政府购买公共文化服务的承接主体是谁?

公共文化服务保障法第四十九条规定，国家采取政府购买服务等措施，支持公民、法人和其他组织参与提供公共文化服务。这条明确指出了政府购买公共文化服务的对象，亦即明确了政府购买公共文化服务由谁来承接。这里所指的“公民、法人和其他社会组织”，在范围上涵盖我国法治社会条件下的各种社会主体。公民即自然人；法人包括企业法人、机关、事业单位和社会团体法人；其他组织是指不属于公民、法人的其他社会组织形式，这些组织经合法成立、有一定的组织机构和财产，但又不具备法人资格。公民、法人和其他社会组织，在民事角度已涵括了所有社会主体，也就是说国家鼓励各种社会力量参与提供公共文化服务，政府面向全社会购买公共文化服务，公益性文化单位、社会组织、企业和公民个人，均可经由“政府购买”公平有序地参与公共文化服务。

政府面向全社会购买公共文化服务，就是要通过发挥市场竞争机制作用，把政府直接向社会公众提供的一部分公共服务事项，按照一定的方式和程序，交由具备条件的社会力量承担，由政府根据服务数量和质量向承接者支付费用。实践证明，推行政府向社会力量购买服务，既有利于深入推进依法行政、转变政府职能、建设服务型政府，也有利于规范和引导社会组织健康发展、推动公共文化服务社会化发展，对于深化社会领域改革，推动政府职能转变，整合利用社会资源，增强公众参与意识，激发经济社会活力，增加公共服务供给，提高公共服务水平和效率，都具有重要意义。

79. 社会力量参与公共文化服务有哪些主要方式?

公共文化服务保障法第四十二条规定，国家鼓励和支持公民、法人和其他组织通过兴办实体、资助项目、赞助活动、提供设施、捐赠产品等方式，参与提供公共文化服务。这一条列举的国家鼓励和支持社会力量参与提供公共文化服务的主要方式是如下几种。

一是兴办实体。指社会力量充分发挥其人才、资金、技术、项目等优势，通过投资兴办博物馆、图书馆、电影院、剧院、音乐厅、美术馆、文体活动中心、农家书屋、农家文化大院及其他文化服务设施的方式参与提供公共文化服务。

二是资助项目。指社会力量通过捐助现金、物品，采取一次性或分期，资助文化设施及其他文化项目建设的方式参与提供公共文化服务。

三是赞助活动。指社会力量通过提供人力、物力、财力，以冠名、宣传企业等形式，赞助公益性文化活动，社会力量可从中取得有利于自身形象的传播效果。

四是提供设施。指社会力量通过免费或优惠方式，转借租赁自有设施支持公益性文化服务，或开放自有文化设施面向社会公众提供公益性文化服务。

五是捐赠产品。指社会力量结合自身特点，通过捐赠与公共文化服务设施运行、活动开展、展览展示及艺术创作相关的装备、器材、耗材等产品的方式参与提供公共文化服务。

国家鼓励和支持的这些方式，来自于各地社会力量参与公共文化服务实践的提炼和归纳。随着社会力量参与公共文化服务逐渐向纵深发展，或将不断产生新的方式或路径，国家也将逐步完善鼓励政策，提高政策支持力度，细化支持的措施。

80. 文化志愿服务的范围和内容主要是什么？

公共文化服务保障法第四十三条第一款规定，国家倡导和鼓励公民、法人和其他组织参与文化志愿服务。文化志愿者是指不以物质报酬为目的，利用自己的时间、文化知识、文艺技能等，自愿和无偿地为社会和他人提供公益性文化艺术服务的人。文化志愿服务与普通志愿服务的不同之处在于，文化志愿服务的专业性更强，突出公益性文化艺术服务。

中宣部、中央文明办等7个部门印发的《关于公共文化设施开展学雷锋志愿服务的实施意见》（文明办〔2016〕22号）指出，公共文化设施管理单位应组织开展的文化志愿服务活动，主要包括：公共图书馆要组织文化志愿者做好图书导读、借阅服务、读者咨询和报刊管理等工作，为读者学习知识创造良好环境；博物馆、美术馆要通过招募文化志愿者担任讲解员、参与展览布展和举办专题讲座等方式，宣传普及文物和美术知识，让群众在认知和审美过程中增长见识、陶冶情操；文化馆（站）要招募文化志愿者参与群众文化活动组织、文化培训和文艺演出等服务，丰富群众精神文化生活；公共电子阅览室要组织文化志愿者为基层群众特别是未成年人、老年人和农民工等特殊群体提供上网辅导；影剧院和公园、广场等公共场所，要支持文化志愿者组织开展群众喜闻乐见的文化活动，注重便利性、灵活性和互动性，使人们在参与中愉悦身心、体验快乐；有条件的市级以上公益性文化设施，要面向基层开展业务指导类文化志愿服务，进一步增强基层公益性文化设施的综合服务能力。

文化志愿服务的范围和内容主要包括：在公共图书馆、文化馆（站）、博物馆、美术馆等公共文化设施和场所开展公益性文化服务；深入城乡基层开展文艺演出、辅导培训、展览展示、阅读推广等公益性文化服务；为老年人、留守妇女儿童、残障人士、农民工和生活困难群众等提供公益性文化服务；参与基层文化设施的管理和群众文化活动的组织等工作；参与文化行政部门和文化单位开展的文化遗产保护、文化市场监督等工作；开展其他公益性文化服务。

81. 国家对文化志愿服务有什么鼓励措施？

我国文化志愿服务大致经历了三个阶段。第一阶段是2005年之前，为起步阶段，文化志愿服务尚存在于一般的志愿服务之中，服务的总量较少，涉及面较窄。第二阶段是2005年至2010年，为快速发展阶段，文化志愿服务的理念和影响力迅速增长。比如中国图书馆学会组织图书馆界有影响的专家学者，以志愿服务的方式对欠发达地区的县级图书馆管理者进行专业培训；东部地区结合对口支援，组织文化志愿者赴中、西部地区开展丰富多彩的文化服务。第三阶段是2011年至今，为制度化、常态化发展阶段，文化志愿服务伴随着公共文化服务体系建设同步发展，文化志愿服务逐步纳入各级政府公共文化服务范畴，文化志愿者服务的组织化、专业化、普及化程度明显提高。2011年10月，党的十七届六中全会明确提出，壮大文化志愿者队伍，鼓励专业文化工作者和社会各界人士参与基层文化建设和群众文化活动，形成专兼结合的基层文化工作队伍。2012年4月，文化部印发《"春雨工程"全国文化志愿者边疆行工作实施方案》，大力推进面向边疆民族地区的文化志愿服务，建立一支热心公益、素质优良、结构合理、积极奉献的文化志愿者队伍，推出一批惠及边疆民族地区的文化志愿服务品牌活动，形成一套设计科学、行之有效的文化志愿服务机制，促进边疆民族地区公共文化服务体系建设。2012 年 9 月，文化部、中央文明办下发《关于广泛开展基层文化志愿服务活动的意见》。2015 年 1 月，中办国办《关于加快构建现代公共文化服务体系的意见》提出大力推进文化志愿服务，要求大力弘扬志愿服务精神，坚持志愿服务与政府服务、市场服务相衔接，奉献社会与自我发展相统一，社会倡导和自愿参与相结合，构建参与广泛、内容丰富、形式多样、机制健全的文化志愿服务体系。截至 2015 年年底，全国已有 24 个省、27 个地级市组建了文化志愿服务机构，各类文化志愿服务团队 6700 多支，登记在册的文化志愿者人数突破百万，接近全国基层文化队伍总量的三分之一。2016 年 7 月，文化部制定并下发了《文化志愿服务管理办法》，旨在推动文化志愿服务规范化、制度化建设，着力构建参与广泛、内容丰富、形式多样、机制健全的文化志愿服务体系，以更好地发挥文化志愿服务在构建现代公共文化服务体系中的积极作用。2016 年 10 月，中宣部、中央文明办等 7 个部门印发《关于公共文化设施开展学雷锋志愿服务的实施意见》（文明办〔2016〕22 号），要求以公共图书馆、博物馆、文化馆、美术馆、科技馆和革命纪念馆为平台，稳步推进公共文化设施志愿服务站点建设，广泛吸引志愿者参与文化志愿服务，发展壮大学雷锋志愿服务队伍，大力弘扬“奉献、友爱、互助、进步”的志愿精神。

公共文化服务保障法第四十三条的规定，是在文化志愿服务和文化志愿者队伍建设丰富实践基础上，进一步将国家倡导和鼓励公民、法人和其他组织参与文化志愿服务的政策上升为法律。这一规定有利于组织动员专业文化工作者和社会各界人士志愿参与基层文化建设和群众文化活动；有利于引导人们弘扬和践行社会主义核心价值观，倡导服务他人、奉献社会，提升思想道德境界；有利于扩大社会参与，繁荣发展社会主义文化，推动群众性文化活动广泛深入开展；有利于激发全社会文化创造热情，让蕴藏于人民群众中的文化创造热情和活力得到充分发挥；也有利于引导各类优秀文化人才面向基层、服务基层，更好地保障基层人民群众的文化权益。根据公共文化服务保障法第四十三条的规定，国家对文化志愿服务的倡导和鼓励，主要通过公共文化设施管理单位和地方各级人民政府实现。

首先，公共文化设施管理单位建立文化志愿服务机制，组织开展文化志愿服务活动。公共文化设施管理单位建立文化志愿服务机制，主要是明确文化志愿服务内容和文化志愿者招募范围、条件，组织成立文化志愿服务组织，设立文化志愿服务站点，精心设计文化志愿服务项目，积极拓展文化志愿服务范围，建立完善的文化志愿者招募、注册、培训、管理、考核、激励、保障和支持等机制。

其次，地方政府为文化志愿活动提供指导和支持。县级以上地方人民政府有关部门对文化志愿服务活动提供必要的指导和支持，具体措施包括：一是认真贯彻落实中办国办《关于加快构建现代公共文化服务体系的意见》，把文化志愿服务纳入公共文化服务体系建设总体规划，纳入文化工作考评指标。二是各地文化厅（局）、文明办要加强对基层文化志愿服务活动的统筹协调和组织推动，依托相关单位或行业协会组建文化志愿服务组织。三是充分发挥政府投入的引导作用，积极拓展社会筹资渠道，鼓励社会力量以赞助或捐赠形式支持文化志愿服务活动开展，为开展文化志愿服务提供必要的资金支持。四是着力扩大文化志愿服务宣传推广，充分发挥各级各类新闻媒体的作用，大力宣传基层文化志愿服务活动的进展和成效，宣传文化志愿者的感人事迹和精神风貌，着力营造有利于基层文化志愿服务的浓厚氛围，扩大基层文化志愿服务的社会影响。

82. 政府怎样建立文化志愿服务的管理评价、教育培训和保障激励机制？

公共文化服务保障法第四十三条规定，县级以上地方各级人民政府有关部门应当对文化志愿活动给予必要的指导和支持，并建立管理评价、教育培训和激励保障机制。中办国办《关于加快构建现代公共文化服务体系的意见》明确要求，文化志愿服务要创新服务内容、工作方式和活动载体，探索具有地方或行业特色的文化志愿服务模式。完善文化志愿者注册招募、服务记录、管理评价和激励保障机制。动员组织专家学者、艺术家、优秀运动员等社会知名人士参加志愿服务，提高社会影响力。要建立“结对子、种文化”工作机制，推动专业艺术院团、体育运动队和艺术体育院校等到基层教、学、帮、带，建立志愿服务下基层制度。加强对文化志愿队伍的培训，提升文化志愿者的服务意识、服务能力和服务水平。本条明确规定县以上地方人民政府有关部门建立管理评价、教育培训和激励保障机制，体现了上述要求的精神。

县级以上地方人民政府有关部门结合文化志愿服务的深入开展，建立健全管理评价、教育培训和激励保障机制的具体工作包括以下几方面。

（1）加强文化志愿服务管理评价。加强文化志愿服务的管理，应把握三条原则：一是坚持正确导向，牢固树立以人民为中心的工作导向，把社会主义核心价值观融入文化志愿服务全过程，引导人们服务他人、奉献社会，倡导健康文明的生活方式。二是坚持文化育人，引导人们树立和坚持正确的历史观、民族观、国家观和文化观。三是坚持改革创新，把支持和发展文化志愿服务纳入文化体制改革，推动基本公共文化服务标准化、均等化、社会化发展。加强文化志愿服务管理，要抓好三个关键环节。一是规范招募管理。要根据基层文化志愿服务的需求，制定符合实际的招募办法，及时发布招募信息，明确所需的条件和要求，采取经常性招募、应急性招募等方式，把专业文化工作者、基层群众文艺骨干、文化能人和文艺社团吸引进来，不断壮大文化志愿者队伍。二是依托相关文化单位或行业协会建立文化志愿者注册系统、电子档案和文化志愿服务数据库，实现文化志愿者、服务对象、活动项目的有效对接。三是加强对文化志愿服务的全过程管理，做好事前、事中、事后的管理评估工作，尤其是对文化志愿服务的成果和绩效进行评估验收。

（2）加强文化志愿者教育培训。建立健全招募—培训—派遣机制，建立文化志愿服务培训基地，定期举办文化志愿服务培训班，对文化志愿服务团队的组织者、管理者、业务骨干和各类文化志愿者进行培训。开展常规培训与岗前培训，普遍增强文化志愿者的服务意识、服务能力和服务水平。注重将自发的、零散的文化志愿者、文化志愿服务活动整合起来，推动文化志愿服务组织化、特色化和精准化发展。大力培育和发展专业型文化志愿服务队伍，引导文化志愿服务专业化发展。组织编写文化志愿服务培训教材，应用数字网络技术搭建面向社会公众的文化志愿服务培训综合服务平台。

（3）加强对文化志愿服务活动的激励保障。建立健全文化志愿服务激励嘉许制度。可灵活采取对有良好服务记录的文化志愿者给予艺术观摩与培训、文化艺术消费、公益性文化服务等方面的优惠待遇；对服务时间较长、业绩突出、社会影响较大的文化志愿者、文化志愿服务团队和文化志愿服务项目给予表彰。可综合运用组织推荐、群众反馈、专家评审、实地考察等方式，按年度评选出文化志愿服务活动优秀项目和优秀文化志愿者，对获奖项目实施团队和文化志愿者进行表彰奖励，颁发证书和奖金，逐步建立国家级文化志愿服务团队和文化志愿者荣誉机制。同时，要做好为文化志愿者购买相应保险和提供必要的服务条件方面的配套工作。

第四章　保障措施

83. 公共文化服务的事权和支出责任应如何划分?

公共文化服务保障法关于保障措施的规定，首先强调应合理划分国务院和地方各级人民政府公共文化服务的事权和支出责任（第四十五条）。这是因为长期以来，由于公共服务领域中央和地方事权和支出责任不清晰，导致公共服务中存在着政府缺位和供给不足等问题。合理划分中央与地方事权和支出责任是政府有效提供公共产品的前提和保障。国务院《关于推进中央与地方财政事权和支出责任划分改革的指导意见》（国发〔2016〕49 号）对中央与地方财政事权和支出责任划分提出如下指导意见：体现国家主权、维护统一市场以及受益范围覆盖全国的基本公共服务由中央负责；地区性基本公共服务由地方负责；跨省（区、市）的基本公共服务由中央与地方共同负责。对受益范围较广、信息相对复杂的财政事权，如跨省（区、市）重大基础设施项目建设、环境保护与治理、公共文化等，根据财政事权外溢程度，由中央和地方按比例或中央给予适当补助方式承担支出责任。这一指导意见明确了公共文化服务的财政事权应由中央和地方共同负责。

事实上，公共文化投入不仅使公民本人受益，同时也有利于全民文化素养和文明素质的提高，有助于社会的整体进步。地方提供的公共文化服务会随着公民的流动而将公共文化的收益带出本地区。公共文化服务保障法第七条对国务院和地方各级人民政府在公共文化服务工作上的职责作出了规定。我国现行政策也对涉及公共文化服务事权和支出责任的划分与改革方向做出了若干规定。中办国办《关于加快构建现代公共文化服务体系的意见》要求，合理划分各级政府基本公共文化服务支出责任，建立健全公共文化服务财政保障机制。

84. 各级政府应如何保障公共文化服务所需资金?

公共文化服务保障法第四十五条要求各级政府将公共文化服务经费纳入本级预算，安排公共文化服务所需资金。落实这一规定，各级政府需要强化以下三个方面的工作。

首先是测算公共文化服务所需经费。中办国办《关于加快构建现代公共文化服务体系的意见》对公共文化服务经费的测算做出了规定，要求按照基本公共文化服务标准，落实提供基本公共文化服务项目所必需的资金，保障公共文化服务体系建设和运行。《国家基本公共文化服务指导标准(2015—2020年)》要求，县级以上各级政府按照标准科学测算所需经费，将基本公共文化服务保障资金纳入财政预算，落实保障当地常住人口享有基本公共文化服务所需资金。因此，公共文化服务经费的测算要按照《国家基本公共文化服务指导标准（2015—2020年）》、省级基本公共文化服务实施标准和本地区的公共文化服务目录，针对标准所规定的基本服务项目和内容，并以本行政区常住人口为依据进行测算，以保障本地常住人口均能享受到基本公共文化服务。

其次是将公共文化服务经费纳入本级预算。近年来，中央出台了一系列文件，要求将公共文化服务经费纳入财政预算。例如党的十七届六中全会通过的《关于深化文化体制改革 推动社会主义文化大发展大繁荣若干重大问题的决定》，明确提出了将公共文化产品、服务项目、活动纳入经常性财政支出预算的经费保障要求。本法第四十五条规定将公共文化服务经费纳入本级预算，安排公共文化服务所需资金，是对现行政策文件有关规定的法律确认，使公共文化服务经费保障上升到了法律层面。预算法第十三条规定，经人民代表大会批准的预算，非经法定程序，不得调整。各级政府、各部门、各单位的支出必须以经批准的预算为依据，未列入预算的不得支出。将公共文化服务所需经费纳入本级预算，是具有法律约束力的制度安排，有利于促进各级政府将公共文化服务的财政支出责任落到实处，防止有关财政经费的挪用和滥用，并接受人大的监督。

最后是根据预算“安排”公共文化服务所需资金。与以往文件提出“落实”公共文化服务所需资金不同，公共文化服务保障法要求“安排”所需资金。安排，强调根据预算从财政资金中事前计划好资金，体现主动性和强制性，有利于资金提前到位；落实，则包括采用多种筹资渠道，在事前、事中和事后筹措所需资金。

85. 为什么要通过转移支付来扶助老少边穷地区开展公共文化服务？

公共文化服务保障法第四十六条第一款规定，国务院和省、自治区、直辖市人民政府应当增加投入，通过转移支付等方式，重点扶助革命老区、民族地区、边疆地区、贫困地区开展公共文化服务。在2015年11月召开的中央扶贫开发工作会议上，习近平同志指出，消除贫困、改善民生、逐步实现共同富裕，是社会主义的本质要求，是我们党的重要使命。贫困不仅仅包括物质生活的贫困，也包括精神生活的匮乏。革命老区、民族地区、边疆地区、贫困地区由于历史、地理、自然条件和区位等因素，缺乏自身增长动力，再加上经济发展水平、社会结构、地缘环境、文化传统等方面的原因，难以依靠自身力量实现公共文化服务的跨越式发展，缩小与发达地区的差距。老少边穷地区公共文化建设的落后，也在一定程度上制约了群众科学文化素质的有效提升，直接影响了贫困地区特别是边疆少数民族地区的经济发展和社会安定和谐，直接影响了全面建成小康社会目标的实现。考虑到老少边穷地区自身财力的不足，党中央、国务院要求中央和省级财政通过转移支付对老少边穷地区基本公共文化服务保障资金予以补助。《国务院关于深化预算管理制度改革的决定》（国发〔2014〕45号）进一步明确提出，明显增加对革命老区、民族地区、边疆地区和贫困地区的转移支付，用于均衡地区间的财力差距，尤其是提升老少边穷地区的财力，实现地区间基本公共服务能力的均等化。预算法第三十九条也明确规定，中央预算和有关地方预算中应当安排必要的资金，用于扶助革命老区、民族地区、边疆地区、贫困地区发展经济社会建设事业。

近年来，中央通过对老少边穷地区的转移支付，增强了这些地区的基本财力，提升了当地基本公共服务的供给水平和质量，较好地保障了当地居民的权益。例如，中央财政2001年设立革命老区转移支付，补助对象是对中国革命做出重大贡献、财政较为困难的连片老区县（市、区），资金主要用于革命遗址保护、烈士陵园维护和改造等老区专门事务，以及教育、文化、卫生、乡村道路、饮水安全等老区民生事务。2001—2015年，中央财政已累计安排革命老区转移支付412亿元，其中2015年规模达到78亿元。中央财政2000年设立民族地区转移支付，支持民族地区加快发展。转移支付范围为8个民族省区（5个民族自治区和青海、云南、贵州3省）以及8省区外其他非民族省区的8个民族自治州。2006年起，经国务院批准，又将非民族省区及非民族自治州管辖的民族自治县也纳入转移支付范围，实现了对所有少数民族地区的全覆盖，并建立了转移支付资金稳定增长机制。

2000—2015年，中央财政累计下达民族地区转移支付3955亿元，其中2015年规模达到582亿元。中央财政2001年设立边境地区转移支付，补助对象覆盖内蒙古、辽宁、吉林、黑龙江、广西、云南、西藏、甘肃和新疆9个陆地边境省区以及福建、厦门、山东、广东、海南、大连、浙江、宁波8个沿海省市，共250个县市，补助内容包括陆地边境事务补助、海洋管理事务补助等方面。2001—2015年，中央财政累计下达边境地区转移支付723亿元，其中2015年规模达到136亿元。2011年，中共中央、国务院发文将连片特困地区作为新阶段扶贫攻坚的主战场。中央财政扶贫资金主要投向国家确定的连片特困地区和扶贫开发工作重点县、贫困村，其中新增部分主要用于连片特困地区，资金分配坚持向西部地区（包括比照适用西部大开发政策的贫困地区）、贫困少数民族地区、贫困边境地区和贫困革命老区倾斜。2011—2015年，中央财政不断加大投入力度，累计安排财政专项扶贫资金1898亿元，其中2015年规模达到467亿元。

在公共文化服务领域，中办国办《关于加快构建现代公共文化服务体系的意见》也明确提出，要根据国家基本公共文化服务指导标准，明确老少边穷地区服务和资源缺口，按照精准扶贫的要求，集中实施一批有针对性的文化扶贫项目；针对老少边穷地区财力薄弱的突出困难，要求中央和省级财政通过转移支付予以保障，并且取消了对地方配套资金的要求。中央和省级财政通过转移支付，提升老少边穷地区的财力，从而保障其公共文化服务投入，促进公共文化服务均衡协调发展，这是社会公平正义和文明进步的体现，也是现代公共文化服务体系建设的必然要求。

86. 为什么要鼓励和支持经济发达地区对老少边穷地区的公共文化服务提供援助？

公共文化服务保障法第四十六条规定，国家鼓励和支持经济发达地区对革命老区、民族地区、边疆地区、贫困地区的公共文化服务提供援助。对口帮扶是国家一项重要的扶贫开发政策。早在 1996 年 10 月，中央召开扶贫开发工作会议，做出了《关于尽快解决农村贫困人口温饱问题的决定》，确定了对口帮扶政策，要求北京、上海、广东和深圳等 9 个东部沿海省市和 4 个计划单列市对口帮扶西部的内蒙古、云南、广西和贵州等 10 个贫困省区，双方应本着优势互补、互惠互利、长期合作、共同发展的原则，在扶贫援助、经济技术合作和人才交流等方面展开多层次、全方位的协作。《中共中央国务院关于打赢脱贫攻坚战的决定》（2015 年 11 月 29 日）进一步将健全东西部扶贫协作机制、鼓励发达地区对贫困地区的帮扶工作，作为国家扶贫开发工作的重要形式确定下来。

2015 年，文化部等 7 个部门联合出台了《“十三五”时期贫困地区公共文化服务体系建设规划纲要》，提出建立健全文化结对帮扶工作机制，要求将公共文化帮扶纳入行业扶贫、东西部扶贫协作和定点扶贫工作内容。通过合作共建、结对帮扶、区域文化联动等形式，建立国家和省级文化单位、国家公共文化服务体系示范区（项目）城市、全国文化先进单位（文化先进县、市、区）、本省区域内发达市（县）与国家扶贫开发工作重点县结对帮扶工作机制，确保每个县都有对口帮扶单位。

鼓励和支持经济发达地区对革命老区、民族地区、边疆地区、贫困地区的公共文化服务提供援助，加大对欠发达地区文化基础设施建设和公共服务的支持力度，促进当地公共文化服务的发展，是全面建成小康社会的重要内容，是消除贫困、改善民生、逐步实现共同富裕的本质要求，是社会主义制度优越性的具体体现。

87. 对于免费或者优惠开放的公共文化设施如何给予补助?

为了鼓励和支持公共文化设施免费或者优惠开放，各级财政部门按照增加投入、转换机制、增强活力、改善服务的原则，建立了免费开放经费保障机制，保证公共文化设施免费开放后正常运转并提供基本公共文化服务。中央财政还安排专项资金，重点对中西部地区予以补助，对东部地区予以适当奖励。中办国办《关于加快构建现代公共文化服务体系的意见》也要求完善公共文化设施免费开放的保障机制，建立健全公共文化服务财政保障机制，按照基本公共文化服务标准，落实提供基本公共文化服务项目所必需的资金，保障公共文化服务体系建设和运行。公共文化服务保障法第四十七条规定，免费或者优惠开放的公共文化设施，按照国家规定享受补助。这一规定既体现了各级政府在公共文化设施免费或优惠开放上承担的责任，也体现了公共文化设施免费或优惠开放享有的权益。

（1）美术馆、公共图书馆、文化馆（站）免费开放补助范围和标准。2011 年，文化部、财政部联合下发了《关于推进全国美术馆公共图书馆文化馆（站）免费开放工作的意见》（文财务发〔2011〕5 号），要求美术馆、公共图书馆、文化馆（站）免费提供基本公共文化服务，并由财政经费予以保障落实。对于基本公共文化服务以外的文化服务项目，强调要坚持公益性，降低收费标准，优惠提供，不得以营利为目的。目前，我国有近 5 万所博物馆、图书馆、文化馆、乡镇综合文化站实施了“免费开放”政策。财政部、文化部 2013 年印发的《中央补助地方美术馆、公共图书馆、文化馆（站）免费开放专项资金管理暂行办法》（财教〔2013〕98 号）第二章明确了补助范围、标准与支出内容。第五条规定，免费开放专项资金分为补助资金和奖励资金，其中，补助资金用于对东中西部地区“三馆一站”免费开放所需支出给予补助；奖励资金用于对“三馆一站”免费开放工作实施效果好的省份给予奖励。第六条规定了“三馆一站”免费开放基本补助标准：地市级美术馆、公共图书馆、文化馆每馆每年 50 万元；县级美术馆、公共图书馆、文化馆每馆每年 20 万元；乡镇综合文化站每站每年 5 万元。同时明确基本补助标准可以根据文化事业发展需要和财力实行动态调整。第七条明确了中央和地方财政对于基本补助标准的分摊机制，其中，中央财政对东部地区、中部地区（含比照享受中部政策的东部地区）、西部地区（含比照享受西部政策的东中部地区）分别按照基本补助标准的20%、50%和80%的比例安排补助资金，其余部分由地方财政负责安排。对于专项资金的用途，《中央补助地方美术馆、公共图书馆、文化馆（站）免费开放专项资金管理暂行办法》第九条明确规定，专项资金用于“三馆一站”免费开展基本公共文化服务项目所需支出。第十条要求不得用于支付各种罚款、捐款、赞助、投资等支出，不得用于编制内在职人员和离退休人员工资及津补贴、基本建设、大型维修改造、美术作品征集等支出，不得用于偿还债务。

（2）博物馆、纪念馆免费开放补助范围和标准。2008 年中宣部、财政部、文化部、国家文物局《关于全国博物馆、纪念馆免费开放的通知》（中宣发〔2008〕2 号），将免费开放范围界定为全国各级文化文物部门归口管理的公共博物馆、纪念馆，全国爱国主义教育示范基地。其中，文物建筑及遗址类博物馆暂不实行全部免费开放，继续对未成年人、老年人、现役军人、残疾人和低收入人群等特殊群体实行减免门票等优惠政策。为了保障免费开放的实施，该通知要求中央财政设立专项资金，重点补助地方博物馆免费开放所需资金，鼓励改善陈列布展和举办临时展览，支持重点博物馆提升服务能力，对实行低票价的博物馆和自行实行免费并取得良好效果的省份给予奖励。其中，博物馆、纪念馆免费开放单位门票收入减少部分全部由中央财政负担；运转经费增量部分由中央财政分别按照东部20%、中部60%和西部80%的比例进行补助。

（3）科技馆免费开放补助范围和标准。2015年中国科协、中宣部、财政部《关于全国科技馆免费开放的通知》（科协发普字〔2015〕20号）确定免费开放的科技馆应是科协系统所属的具备基本常设展览和教育活动条件，并配套有一定的观众服务功能，能够正常开展科普工作，符合国家有关规划并由相关部门批准立项建设的县级（含）以上公益性科技馆。科技馆免费开放的科普公共服务内容主要包括常设展厅等公共科普展教项目；科普讲座、科普论坛、科普巡展活动等基本科普服务项目；体现基本科普公共服务的相关讲解、科技教育活动，以及卫生、寄存、参观指引材料等基本服务项目。科技馆免费开放自2015年6月起分批分步实施。2015年，全国有92所常设展厅在1000平方米以上的各级科技馆试点免费开放，2016年，试点免费开放的科技馆又增加了123所。中央财政安排补助专项资金，主要用于弥补门票收入减少、绩效考核奖励、运行保障增量、展品更新等方面。2015年，中央财政补助科技馆免费开放资金3.46亿元。

（4）鼓励其他公共文化设施免费或优惠开放办法。2015年，中办国办《关于加快构建现代公共文化服务体系的意见》要求进一步扩大免费开放的范畴，具体举措是，逐步将民族博物馆、行业博物馆纳入免费开放的范围；推动工人文化宫、妇女儿童活动中心以及青少年校外活动场所免费提供基本公共文化服务项目。目前，有关部门正在研究推动民族博物馆、行业博物馆、工人文化宫、妇女儿童活动中心以及青少年校外活动场所等免费开放的具体政策。

88. 为什么要鼓励和支持社会资本依法投入公共文化服务？具体措施有哪些？

尽管我国已经是全球第二大经济体，但目前的现实国情是，人口众多导致人均财力仍然较低，区域差距较大导致区域发展极不平衡。此外，我国经济增速放缓，给财政收入也带来了压力。因此，仅仅依靠公共财政，难以从根本上解决社会领域资金投入相对不足的现状。党的十八届三中全会提出推动公共文化服务社会化发展；中办国办《关于加快构建现代公共文化服务体系的意见》将培育和促进文化消费、鼓励和引导社会力量参与、发展文化非营利组织作为构建现代公共文化服务体系的重要内容，进一步明确了公共文化服务社会化发展的方向、思路和实施路径。公共文化服务保障法第四十八条规定，国家鼓励社会资本依法投入公共文化服务，拓宽公共文化服务资金来源渠道。这里所说的社会资本，主要指与政府资本相对应的各类投资主体，包括公民、法人和其他组织，尤其是民间资本。鼓励和引导社会资本依法投入公共文化服务，是对政府资本的补充，可以解决公共投入不足的问题，缓解公共文化服务领域的供需矛盾，提升公共文化服务能力，增加公共文化供给。中办国办《关于加快构建现代公共文化服务体系的意见》明确要求，进一步简政放权，减少行政审批项目，吸引社会资本投入公共文化领域。

从当前各地实践来看，社会资本投入公共文化服务，主要包括投资兴办实体、采用政府和社会资本合作、捐赠财产等方式。对于社会资本投资兴办实体，国家鼓励的政策和手段包括政府购买公共文化服务、委托社会组织参与公共文化设施运营等；对于捐赠资金或资产用于公共文化服务的，国家给予税收优惠等鼓励措施。

本条规定社会资本依法投入公共文化服务，一是必须按照社会资本投入或者捐赠公益性事业的有关规定办理，如《民办非企业单位登记管理暂行条例》《中华人民共和国公益事业捐赠法》《中华人民共和国慈善法》等；二是社会资本参与公共文化服务，必须坚持社会主义先进文化前进方向，坚持以人民为中心，坚持以社会主义核心价值观为引领，不得违法开展有损社会主义精神文明的文化活动。

89. 为什么政府购买服务可以作为支持社会力量参与提供公共文化服务的措施?

公共文化服务保障法第四十九条规定，国家采取政府购买服务等措施，支持公民、法人和其他组织参与提供公共文化服务。此前，国务院办公厅转发文化部等部门《关于做好政府向社会力量购买公共文化服务工作意见》，要求为政府购买公共文化服务提供资金保障，将政府向社会力量购买公共文化服务所需资金列入财政预算，从部门预算经费或经批准的专项资金等既有预算中统筹安排。逐步加大现有财政资金向社会力量购买公共文化服务的投入力度。对新增的公共文化服务内容，凡适于以购买服务实现的，原则上都要通过政府购买服务方式实施。

采用政府购买公共文化服务的措施，实际上为市场和社会文化主体创造了文化市场需求，有利于培育社会化公共文化服务力量，规范和引导社会组织健康发展，逐步构建多层次、多方式的公共文化服务供给体系。建立健全政府向社会力量购买公共文化服务机制，为社会力量参与公共文化服务提供有效路径，鼓励和引导社会力量进入公共文化事业领域，不仅有利于改变政府大包大揽的传统做法，促进政府自身运作方式的改革，而且有利于发挥市场竞争机制，促进公共文化服务质量和效率的提升，充分发挥社会力量在提供公共文化服务、改善社会文化治理方面的作用，激发整个社会的文化活力和文化创造力。

90. 如何理解捐赠财产用于公共文化服务可依法享受税收优惠?

公共文化服务保障法第五十条规定，公民、法人和其他组织通过公益性社会团体或者县级以上人民政府及其部门，捐赠财产用于公共文化服务的，依法享受税收优惠。捐赠财产用于公共文化服务，是捐赠人自愿、无偿的奉献行为，应该受到鼓励和提倡。首先，捐赠应当是自愿的，任何个人或组织、公共文化机构及其他有关部门均不得索要或者强迫。捐赠的内容、数额、捐赠对象、用途等均应尊重捐赠人的意愿。当然，捐赠应从有利于国家、社会和公共文化事业发展的立场出发，捐赠方式、捐赠内容等必须符合国家的法律法规和有关政策，不得妨害公共文化事业的发展，不得以捐赠为名从事营利活动。其次，捐赠应当是无偿的，从民事行为上看，捐赠也是一种赠与行为。捐赠人将自己的财产给付受赠人，受赠人取得捐赠财产，无须向捐赠人偿付相应的代价。

国际上，许多国家都对慈善捐赠给予一定的税收优惠，我国也有类似的规定。公益事业捐赠法第三条规定，公益事业是指非营利的下列事项：（1）救助灾害、救济贫困、扶助残疾人等困难的社会群体和个人的活动；（2）教育、科学、文化、卫生、体育事业；（3）环境保护、社会公共设施建设；（4）促进社会发展和进步的其他社会公共和福利事业。由此可见，国家鼓励公民、法人和其他组织向公共文化服务进行捐赠，向公共文化服务捐赠的个人和企业以及其他组织，都可以依照我国公益事业捐赠法等有关法律法规的规定享受税收等方面的优惠。各个国家对于捐赠人能否享受税收优惠，如何享受税收优惠，享受多少税收优惠等标准和程序问题，一般都由税法等法律具体规定。如在美国，通过税法来调整慈善组织的行为以及规定慈善捐赠的税收优惠；日本虽然有普适性的《公益社团法人及公益财团法人认定法》，但也只是原则性地规定了向公益法人捐赠可以享受税收优惠。同样，公共文化服务保障法也没有规定捐赠享受税收优惠的具体内容，需要依照企业所得税法及其实施条例、个人所得税法及其实施条例等法律法规来确定。

91. 捐赠财产用于公共文化服务的税收优惠是如何具体规定的？

首先，关于捐赠途径。根据我国现行有关规定，捐赠人只有向具有公益性捐赠税前扣除资格的公益性社会团体、公益性非营利事业单位或者县级以上人民政府及其部门进行捐赠，才能享受税收优惠。例如，公益事业捐赠法第二条明确了自然人、法人或者其他组织自愿无偿向依法成立的公益性社会团体和公益性非营利的事业单位捐赠财产，用于公益事业的，适用本法；第十条界定了公益性社会团体和公益性非营利事业单位的内涵：公益性社会团体是指依法成立的，以发展公益事业为宗旨的基金会、慈善组织等社会团体。公益性非营利事业单位是指依法成立的，从事公益事业的不以营利为目的的教育机构、科学研究机构、医疗卫生机构、社会公共文化机构、社会公共体育机构和社会福利机构等。《中华人民共和国企业所得税法实施条例》第五十一条规定，企业所得税法第九条所称公益性捐赠，是指企业通过公益性社会团体或者县级以上人民政府及其部门，用于公益事业捐赠法规定的公益事业的捐赠。公共文化服务保障法第五十条规定，通过公益性社会团体或者县级以上人民政府及其部门进行捐赠，才能依法享受税收优惠。

其次，关于境内捐赠的税收优惠政策。根据个人所得税法及其实施条例的规定，个人将其所得通过中国境内的社会团体、国家机关向教育和其他社会公益事业以及遭受严重自然灾害的地区、贫困地区进行捐赠，捐赠额未超过纳税义务人申报的应纳税所得额30%的部分，可以从其应纳税所得额中扣除。根据企业所得税法及其实施条例的规定，企业发生的公益性捐赠支出，在年度利润总额12%以内的部分，准予在计算应纳税所得额时扣除。此外，财政部、税务总局还下发了一系列文件，规定特定情形下的公益性捐赠可以享受税前扣除，如个人向公益性青少年活动场地、汶川地震、玉树地震等进行的捐赠，可以享受个人所得税前据实全额扣除。

第三，关于境外捐赠的税收优惠政策。1999年颁布的公益事业捐赠法第二十六条规定，境外向公益性社会团体和公益性非营利事业单位捐赠的用于公益事业的物资，依照法律、行政法规的规定减征或者免征进口关税和进口环节增值税。对此，海关以及财税部门已经制定了一系列文件，主要有2015年财政部、海关总署和国家税务总局颁布的《慈善捐赠物资免征进口税收暂行办法》，2016年海关总署发布的《关于实施〈慈善捐赠物资免征进口税暂行办法〉有关事宜的公告》等，都规定了境外捐赠的税收优惠。因此，境外捐赠用于公共文化服务的物资也可以享受税收优惠，但是有关法规对免税进口的捐赠进口物资进行用途限制，不得以任何形式转让、出售、出租或移作他用。

92. 什么是公共文化服务基金？基金如何运作？

公共文化服务保障法第五十条规定，国家鼓励通过捐赠等方式设立公共文化服务基金，专门用于公共文化服务。根据国务院2004年6月1日实施的《基金会管理条例》规定，基金会是指利用自然人、法人或者其他组织捐赠的财产，以从事公益事业为目的，依照该条例的规定成立的非营利性法人。基金会分为面向公众募捐的公募基金会和不得面向公众募捐的非公募基金会。公募基金会按照募捐的地域范围，分为全国性公募基金会和地方性公募基金会。基金会的活动宗旨是通过资金资助推进科学研究、文化教育、社会福利和其他公益事业的发展。目前全国性公募基金会主要有中国残疾人基金会、中国红十字基金会、宋庆龄基金会、中国青少年发展基金会、中华环境保护基金会等。此外，各地还兴办了不少基金会。目前我国已经登记各类基金会1000多家，其中全国性基金会80多家。基金会总资产为50亿元人民币，从事社会公益资助约为40亿元。基金会在教育、扶贫、社会福利、弱者救助等社会公益事业方面发挥了重要作用。

《基金会管理条例》规定，基金会应当根据章程规定的宗旨和公益活动的业务范围使用其财产。捐赠协议明确了具体使用方式的捐赠，根据捐赠协议的约定使用。接受捐赠的物资无法用于符合其宗旨的用途时，基金会可以依法拍卖或者变卖，所得收入用于捐赠目的。基金会的财产及其他收入受法律保护，任何单位和个人不得私分、侵占或者挪作他用。基金会开展公益资助项目，应当向社会公布所开展的公益资助项目种类以及申请、评审程序。基金会可以与受助人签订资助协议，约定资助方式、资助数额以及资金用途和使用方式。基金会有权对资助的使用情况进行监督。受助人未按资助协议约定使用资助款物或者有其他违反协议情形的，基金会有权解除资助协议。基金会接受的捐赠，根据基金会章程的规定进行管理。基金会应当执行国家统一的会计制度，依法进行会计核算、建立健全内部会计监督制度，并应当接受税务、会计主管部门依法实施的税务监督和会计监督。基金会应当在通过登记管理机关的年度检查后，将年度工作报告在登记机关指定的媒体上公布，接受社会公众的查询、监督。

93. 公共文化设施配置服务岗位和专业人员的原则是什么？

公共文化服务保障法第十四条列举了主要的公共文化设施。公共文化设施是政府出资修建的，是公共文化服务体系的基础平台，也是展示文化建设成果、开展群众文化活动的重要阵地。近年来，我国公共文化设施建设取得了突出进展，但由于人员编制不足、岗位设置不科学、专业人才匮乏，导致一些已建成的公共文化设施难以有效运行，出现闲置和浪费的现象。2015 年，中办国办《关于加快构建现代公共文化服务体系的意见》提出，按照控制总量、盘活存量、优化结构、有减有增的要求，研究制定公共文化机构人员编制标准，并根据业务发展状况进行动态调整；对实行免费开放后工作量大量增加、现有机构编制难以满足工作需要的公益性文化事业单位，要结合实际和财力，合理增加机构编制；设立城乡基层公共文化服务岗位，配置由公共财政补贴的工作人员。公共文化服务保障法第五十一条规定，地方各级人民政府应当按照公共文化设施的功能、任务和服务人口规模，合理设置公共文化服务岗位，配备相应专业人员。

首先，关于公共文化设施的功能和任务。《国家基本公共文化服务指导标准（2015—2020 年）》明确了县级以上（含县级）在辖区内要建有“两馆一站”，即公共图书馆、文化馆和乡镇（街道）综合文化站，这是县级以上政府建设公共文化设施的“兜底标准”。有些发达地区在制定本省实施标准时，适当提高底线标准，规定县级地方政府要建有“四馆一站”，即公共图书馆、文化馆、博物馆、非遗馆（非遗展示场所）和乡镇（街道）综合文化站；地市级政府还要求建有美术馆，即“五馆一站”。不同类型的公共文化设施有各自的功能和任务。如公共图书馆主要是收集、整理、存储、传播、研究文献信息资源，并向社会公众提供服务；文化馆以推动文化艺术普及、指导群众文艺创作、组织开展群众文化活动和辅导培训、开展民族民间文化艺术资源的传承保护和利用为主要职责；博物馆以教育、研究和欣赏为目的，收藏、保护并向公众展示人类活动和自然环境的见证物。公共文化设施应根据各自承担的功能任务，合理设置相应岗位，合理确定专业人员的规模和结构。

其次，关于服务人口规模。长期以来，我国的公共文化设施主要按照行政区划而不是服务人口、服务半径进行布局和建设，岗位也是基本上是按照公共文化设施的级别进行设置，导致公共文化设施的布局、建设和服务不能适应当地人群的需要。因此，公共文化设施的岗位设置必须转变到充分考虑服务人口规模上来。根据新时期对基本公共服务的要求，人口规模是常住人口而非户籍人口。按目前通行统计口径，在一地居住半年以上者，即为当地常住人口。目前，我国公共文化设施建设标准控制建设规模、建筑面积的主要依据，已经转移到了以服务人口为主要依据上来，如《公共图书馆建设标准》《文化馆建设标准》《乡镇综合文化站建设标准》等。针对各级各类公共文化设施岗位设置的服务人口依据和标准，目前还不够完善。已有的标准规范主要是《公共图书馆服务规范》（GB/T 28220—2011），规定公共图书馆工作人员数量的确定，以所在区域服务人口数为依据，每服务人口10000 人～25000 人应配备 1 名工作人员，同时还应兼顾服务时间、馆舍规模、馆藏资源数量、年度读者服务量等因素。《国家基本公共文化服务指导标准（2015—2020 年）》规定，县级以上公共文化机构按照职能和当地人力资源社会保障、编办等部门核准的编制数配齐工作人员。乡镇综合文化站每站配备有编制人员 1 人～2 人，规模较大的乡镇适当增加。村（社区）公共服务中心设有由政府购买的公益文化岗位。本条将服务人口规模作为公共文化设施设置岗位、配备专业人才的依据，体现了公共文化服务以人为本的理念。

第三，关于配备相应专业人员。当前我国公共文化人才队伍面临的突出问题是缺乏稳定、高素质的专业人才。许多公共文化机构特别是基层的公共文化机构，人员年龄偏大、观念相对落后、知识结构陈旧、专业化程度不够是较为普遍的现象，难以适应新时期现代公共文化服务体系建设的要求。本条突出强调了应配备“专业人员”，体现了现代公共文化服务体系建设对人才队伍的本质要求。我国现行的有关法规政策对公共文化机构配备专业人才有一定要求。《博物馆条例》规定，博物馆设立的基本条件之一，是有与其规模和功能相适应的专业技术人员；博物馆的基本功能之一，是开展相关专业领域的理论及应用研究，促进专业人才成长。《公共图书馆服务规范》规定，公共图书馆具有相关学科背景的专业技术人员应占工作人员的75%以上，少数民族自治地区公共图书馆要配备熟悉少数民族语言文字的专业技术人员。

94. 如何鼓励文化专业人员、高校毕业生和志愿者到基层从事公共文化服务工作?

目前我国基层公共文化队伍建设较为滞后，主要问题一是专业人才短缺，二是人才结构不尽合理，三是人员流动大，四是人才培训机制不够健全。基层开展公共文化服务主要缺少四类人才。第一，懂行政、懂艺术、懂经济的复合型文化管理人才；第二，技艺精湛的各类文学艺术创作辅导专业人才；第三，善于策划文化大型活动的专业人才；第四，基层文艺创作、展演、管理方面的专业人才。公共文化服务保障法第五十二条规定，国家鼓励和支持文化专业人员、高校毕业生和志愿者到基层从事公共文化服务工作。这有助于解决基层文化队伍存在的主要问题。

文化专业人员主要指专业技术人员，包括群众文化专业、图书馆学专业、文物博物专业、艺术专业、美术专业等领域的专业技术人员。近年来，一些地方出现“县聘乡用”的“文化下派员”“图书馆下派员”制度，即县文化馆、图书馆向作为分馆的乡镇文化站派遣业务人员，参与乡镇分馆的业务和管理工作，促进了专业人员到基层工作，也推动了乡镇文化站、图书馆和文化馆分馆的建设，效果明显。不少地方以流动博物馆、流动图书馆、流动舞台车等方式，促进专业人员到基层开展流动文化服务。也有专业人员采取建立工作室、挂职等方式到基层工作。在具体实践中，一些地方政府和有关部门加大了政策支持和资金投入力度，除了给予下基层的文化专业人员一定的物质鼓励外，还在职称晋升、评优创先等方面给予了倾斜，体现了政府的鼓励和支持。

高校毕业生到基层工作一直是国家大力倡导的大学生就业渠道。目前需要完善的是吸引大学生到基层从事公共文化服务工作的具体鼓励措施。由于历史的原因，我国不少老少边穷地区不仅经济发展滞后，而且文化事业发展水平也较低。扶贫先扶智，国家应出台各种优惠政策，鼓励和吸引大学毕业生到老少边穷地区基层工作，力争在较短时间内使老少边穷地区和基层公共文化服务能力与水平有明显改善。近年来，国家已经出台了一些积极鼓励高校毕业生到基层就业的政策。如要求各地各高校进一步健全服务保障机制，进一步完善学费补偿、助学贷款代偿、后续升学和就业服务等政策，会同有关部门组织实施好“农村教师特岗计划”“西部计划”“大学生村官”“三支一扶”等各类基层服务项目。同时，还在社保补贴、培训补贴、税费减免、毕业生落户、人事档案管理等政策方面加大支持力度，支持更多毕业生到基层建功立业。

文化志愿服务是志愿服务的组成部分。与普通志愿服务不同的是，文化志愿服务强调公益文化艺术服务。中宣部、中央文明办等7个部门印发的《关于公共文化设施开展学雷锋志愿服务的实施意见》（文明办〔2016〕22号）提出，以公共图书馆、博物馆、文化馆、美术馆、科技馆和革命纪念馆为平台，稳步推进公共文化设施志愿服务站点建设，广泛吸引志愿者参与文化志愿服务，发展壮大学雷锋志愿服务队伍。为提高文化志愿服务水平，县级以上人民政府要给予必要的指导和支持，建立管理评价、教育培训和激励保障措施，主管部门有义务对文化志愿者进行必要的知识培训。对长期提供高质量的文化志愿服务或在文化志愿服务中做出突出贡献的优秀文化志愿者，应该给予一定形式的表彰奖励。

95. 公共文化服务领域的社会组织具体有哪些？

党的十八届三中全会提出要培育和发展文化类非营利组织，中办国办《关于加快构建现代公共文化服务体系的意见》提出要培育和规范文化类社会组织。公共文化服务保障法第五十三条明确国家鼓励和支持公民、法人和其他组织依法成立公共文化服务领域的社会组织。公共文化服务领域的社会组织，是政府部门和企业之外的一切参与公共文化服务的志愿团体、社会组织或民间协会。中办国办《关于加快构建现代公共文化服务体系的意见》将文化类社会组织的形态界定为文化类行业协会、基金会、民办非企业单位等社会组织。

文化类行业协会是指介于政府、企业之间，商品生产者与经营者之间，并为其服务、咨询、沟通、监督、公正、自律、协调的文化类社会中介组织。文化类行业协会是一种民间性组织，它不属于政府的管理机构系列，而是政府与企业的桥梁和纽带。

基金会是指利用自然人、法人或者其他组织捐赠的财产，以从事公益事业为目的，按照《基金会管理条例》的规定成立的非营利性法人。基金会分为面向公众募捐的基金会和不得面向公众募捐的基金会。根据《基金会管理条例》规定，基金会必须在民政部门登记方能合法运作，就其性质而言，是一种民间非营利组织。

民办非企业单位是于1996年针对以往的民办事业单位这一概念所作出的修正，意即事业单位是国家举办的，而民间不应再称事业单位。1998年10月，国务院颁布了《民办非企业单位登记管理暂行条例》，对民办非企业单位作出了如下界定：企业事业单位、社会团体和其他社会力量以及公民个人利用非国有资产举办的，从事非营利性社会服务活动的社会组织。

在我国，公共文化服务领域的社会组织发展的主要矛盾是发育程度低、单位数量少、发展不够规范。目前，全国公共文化领域虽有 8700 多支馆办文艺团队、30 多万支群众业余文艺团队，还有不计其数的以“文化能人”为核心的自发性文艺组织，但真正符合依法在登记管理部门登记、具有比较健全的内部治理结构和管理制度、具有独立承担民事责任能力要求的社会组织还很少。现有具有一定专业服务能力的文艺团队组织，由于治理结构和管理运行不规范，多数还不能成为承接政府购买公共文化服务的社会组织。因此，对于公共文化服务领域的社会组织，一是要培育，二是在培育的基础上再加以规范。规范的主要任务是明确公共文化服务领域的社会组织的功能定位，加强行业自律，建立管理制度。

96. 鼓励和支持公共文化服务领域的社会组织对于推动公共文化社会化、专业化发展有什么重要意义？

国际经验表明，社会组织在文化治理体系中可以发挥“第三部门”的作用，它与政府、市场所承担的公共文化服务职能相辅相成，在资源动员、服务提供、活动实施、运营管理等方面具有专业化能力和独特作用，是政府以社会化机制和方式提供公共文化服务的主要依靠力量之一。从我国的现实需求看，引入市场竞争机制提高公共文化服务质量和水平，是提升公共服务效能的重要举措。引入市场竞争机制必然要求打破提供主体单一垄断局面，形成提供主体多元化的格局。从这个意义上讲，没有一大批专业化的文化类社会组织，就不可能形成多元主体、良性竞争的公共文化服务格局。党的十八届三中全会明确要求，要推动公共文化服务社会化发展，这是顺应时代发展、构建现代公共文化服务体系的题中应有之义。

中办国办《关于加快构建现代公共文化服务体系的意见》也将培育和促进文化消费、鼓励和引导社会力量参与、培育和规范文化类社会组织作为构建现代公共文化服务体系的重要内容，进一步明确了公共文化服务社会化发展的方向、思路和实施路径。没有一大批具有专业服务理念和专业服务能力、管理运行规范的社会组织，政府购买公共文化服务、开展基层设施的社会化管理运营就没有承接主体，推动公共文化服务社会化、专业化发展就形不成竞争机制，资源配置方式、服务提供方式也就无法通过市场机制、市场手段实现。

97. 如何鼓励和支持公共文化服务领域的社会组织?

中办国办《关于加快构建现代公共文化服务体系的意见》为培育和规范文化类社会组织指出了方向，要求加强对文化类行业协会、基金会、民办非企业单位等社会组织的引导、扶持和管理，促进规范有序发展。制定完善关于文化类社会组织的规章，明确功能定位。鼓励各类公共文化服务机构成立行业协会，发挥其在行业自律、行业管理、行业交流等方面的重要作用。加快推进文化行业协会与行政机关脱钩，将适合由社会组织提供的公共文化服务事项交由社会组织承担。引导文化类社会组织依法依规开展公共文化服务。加大政府向文化类社会组织购买服务力度。加强政府管理和社会监督，严格执行社会组织年检制度和信息公开制度，开展运营绩效评估和社会信用评估，实现依法管理、依法运营。

鼓励和支持公共文化服务领域的社会组织，重点需要做好以下工作。第一，需要宣传普及公共文化服务领域社会组织在现代公共文化服务体系建设中的功能、作用，让更多自发性文艺团队组织认识到升级转型为文化类社会组织的必要性和重要性，认识到松散型的兴趣团队和组织化的社会团体，在实现价值理念、社会贡献和志愿精神方面的区别，在全社会培育以组织化形态、专业化能力服务于现代公共文化服务体系建设的理念和意识，为文化类社会组织涌现奠定思想认识基础。第二，简化公共文化服务领域社会组织的登记手续，扫除在成立登记方面繁琐的程序障碍。第三，政府购买公共文化服务的项目、资金向公共文化服务领域社会组织倾斜，拓展公共文化服务领域社会组织的资金来源渠道，培育其造血机制，夯实公共文化服务领域社会组织提升服务能力、持续发展的基础。2015 年，文化部等 4 部门出台《关于做好政府向社会力量购买公共文化服务工作的意见》，为社会力量参与公共文化服务提供有效路径，鼓励和引导社会力量进入公共文化领域。第四，加强政府监管和社会监督，引导和指导公共文化服务领域社会组织建立健全内部治理结构，完善财务、资产、人员、绩效的管理和评估制度，形成良好的服务信誉，依法依规承接、提供公共文化服务。

公共文化服务领域的社会组织，性质是非营利组织，特征是不以营利为目的，即它的运营并不是为了产生经济利益。为了支持非营利组织的发展，各国往往对非营利组织获得的捐赠或运营产生的收益都有税收上的优惠，但同时也严格限制其支出。我国企业所得税法第二十六条明确规定，符合条件的非营利组织的收入为免税收入。

关于非营利组织的认定标准，企业所得税法实施条例第八十四条从税法角度作了明确规定，需同时符合下列条件的组织：(1) 依法履行非营利组织登记手续；(2) 从事公益性或者非营利性活动；(3) 取得的收入除用于与该组织有关的、合理的支出外，全部用于登记核定或者章程规定的公益性或者非营利性事业；(4) 财产及其孳息不用于分配；(5) 按照登记核定或者章程规定，该组织注销后的剩余财产用于公益性或者非营利性目的，或者由登记管理机关转赠给与该组织性质、宗旨相同的组织，并向社会公告；(6) 投入人对投入该组织的财产不保留或者享有任何财产权利；(7) 工作人员工资福利开支控制在规定的比例内，不变相分配该组织的财产。

98. 为什么必须加强公共文化服务理论研究?

目前，我国公共文化服务理论研究还处于起步阶段，理论研究滞后于实践探索，难以有效发挥对实践的指导作用。此外，公共文化机构从业人员的业务素质和能力还存在不足，难以适应新时期公共文化服务的需要。为了提高公共文化的服务质量、水平和效能，必须加强公共文化服务的理论研究，加强专业人才的培养力度。公共文化服务保障法第五十四条规定，国家支持公共文化服务理论研究，彰显了理论研究在现代公共文化服务体系建设中的重要性。

现代公共文化服务提供的是专业化服务，国际上有公共文化服务机构在专业职务基础上运营的理念。在我国的国民教育体系中，与公共文化服务相关的学科体系、专业设置尚不完善，如图书馆、博物馆在大学里已经有学科、有专业，但更具中国特色的文化馆（站）专门人才培养，目前就处于大学无专业、无学科的状态。同时，统摄各类公共文化机构、着眼公共文化事业发展的公共文化管理和服务，尚未形成专门的学科和专业，不利于推进公共文化领域专门人才的培养。目前，国内从事公共文化研究的学者主要来自于公共管理、公共财政、图书情报管理、信息技术与管理等学科专业，运用其原有的专业基础研究公共文化的问题，具有很大的交叉性特点。这种现状与推进公共文化服务的专业化发展不相适应，与构建现代公共文化服务体系的要求不相适应。我国的公共文化服务发展到今天，公共文化本身的专业化发展越来越迫切，加强公共文化服务理论研究、促进公共文化服务领域的人才培养越来越重要。

加强公共文化服务的理论研究和理论体系构建，目的是为推进现代公共文化服务体系建设提供重要理论支撑。通过理论研究探索公共文化服务体系建设的基本规律和长效机制，最终将理论研究转化为制度设计，从而推动实际工作。近年来，一些地方文化行政部门和公共文化机构积极开展公共文化服务理论研究，重点研究在公共文化发展中存在的难点问题、关键问题，以理论研究指导实践、以实践探索丰富理论，不断推进制度创新，在理论研究与实践工作的紧密结合上成效显著。2011 年，文化部成立了国家公共文化服务体系建设专家委员会，形成了一支由高校科研机构专家学者、政府文化部门管理者和公共文化机构实践者组成的政策理论研究队伍，促进了公共文化服务的理论研究，为政府科学决策、民主决策提供了参考咨询。许多省、市、自治区也相继成立了公共文化服务专家委员会，有力地推动了公共文化服务领域的理论研究和实践探索。

99. 如何加强多层次专业人才教育和培训?

加强公共文化人才队伍培训，是提升公共文化服务效能的重要举措。目前，从总体上看，我国公共文化从业人员的业务素质和专业能力还存在不足，特别是基层缺乏稳定的专业化队伍，人员年龄偏大，观念相对落后，知识结构陈旧，不专职、不专业、不专心的现象还普遍存在，业务素质和能力难以适应新时期基层公共文化建设的要求。公共文化服务保障法第五十四条要求加强多层次专业人才教育和培训，具有现实针对性。

解决公共文化服务从业人员的职业素养和专业能力问题，发达国家多实行公共文化服务机构职业准入制度，如美英等国的图书馆员职业准入制度，日本、韩国实行的图书馆员“司书制度”，日本公民馆实行的“公民馆主事”制度等。在我国目前的经济社会发展阶段，公共文化机构引入发达国家的职业准入制度，社会条件尚不成熟。有鉴于此，中办国办《关于加快构建现代公共文化服务体系的意见》要求，稳步推进基层公共文化服务队伍培训，建立培训上岗制度。所谓培训上岗制度，是指所有进入公共文化服务岗位的工作人员，都要接受较为系统的专业培训，经考试合格，颁发证书；公共文化服务机构结合内部管理机制改革，全面建立工作人员持证上岗的制度。这是目前阶段我国公共文化服务领域提高从业人员的职业素养和专业水平的现实做法。

中办国办《关于加快构建现代公共文化服务体系的意见》还要求，将公共文化服务专业人才培养纳入国民教育体系。所谓国民教育体系，是指由义务教育、基础教育、高等教育、职业教育和成人教育组成的，具备国民教育经费保障机制、国民教育教师保障机制和国民享受教育权利保障机制的现代教育事业的总体。把公共文化服务专业人才培养纳入国民教育体系，旨在推动高等教育、职业教育和成人教育建设和完善公共文化学科体系、专业体系和课程体系，开辟公共文化高端人才培养渠道，为公共文化服务提供高层次人才保障。

公共文化领域多层次的在职教育和培训近年来显著加强，并在实践中逐步形成了自身的特点。一是教育和培训对象大为拓展。不仅包括各级文化行政主管部门领导、各级各类公共文化机构从业人员、乡镇（街道）和村（社区）专职及兼职工作人员，还包括各级党委、政府主要领导、分管领导，特别是将公共文化的教育培训内容纳入到了地方党委政府理论学习中心组、各级党校和行政学院的课程体系中。二是进一步完善了教育和培训的内容。既包括通用类知识，如政策法规解读、现代公共文化服务发展方向等，又包括专业性知识和技能，如公共数字文化服务、活动策划与组织推广等，确保培训的内容学得会、用得上、见实效。三是落实教育和培训的时间。按照《国家基本公共文化服务指导标准(2015—2020年)》的规定，县级以上公共文化机构从业人员每年参加脱产培训时间不少于15天，乡镇（街道）、村（社区）基层文化专兼职人员每年参加集中培训时间不少于5天。四是创新教育和培训方式。实现集中培训和远程培训相结合，创办“空中大课堂”，利用互联网、新媒体等手段，引入网络课程、慕课、微课等形式，提高教育和培训的覆盖面和实际效果。

100. 如何理解公共文化服务资金使用的监督和统计公告制度？

公共文化服务资金是发展公共文化事业的基本保障。为了加强对公共文化服务资金使用和执行情况的监督，促进公共文化服务资金使用的规范化制度化，提高公共文化服务资金的资金使用效益，需要各级人民政府建立健全公共文化服务资金使用的审计监督制度，以确保公共文化服务经费的落实和按规定使用。公共文化服务保障法第五十五条规定，县级以上人民政府应当建立健全公共文化服务资金使用的监督和统计公告制度，明确了政府是制度的建立主体。

建立健全公共文化服务资金使用的监督制度，主要体现为建立健全各级人民政府审计机关的审计监督、财政部门的财政监督和文化行政部门的内部监督。根据《财政部门监督办法》（财政部令第 69 号），财政部门可依法对如下事项进行监督：（1）财税法规、政策的执行情况；（2）预算编制、执行、调整和决算情况；（3）税收收入、政府非税收入等政府性资金的征收、管理情况；（4）国库集中收付、预算单位银行账户的管理使用情况；（5）政府采购法规、政策的执行情况；（6）行政、事业单位国有资产，金融类、文化企业等国有资产的管理情况；（7）财务会计制度的执行情况；（8）外国政府、国际金融组织贷款和赠款的管理情况；（9）法律法规规定的其他事项。因此，财政部可依法对公共文化服务资金的预算编制、执行、调整和决算情况进行监督，监督结果可以作为预算安排的重要参考依据。根据审计法和《审计署关于内部审计工作的规定》以及公共文化服务保障法的有关规定，文化系统应按照依法治文、从严管理的原则，建立内部审计监督制度。文化系统内部审计是文化系统内部审计机构、审计人员对财务收支、经济活动的真实、合法和效益进行独立监督、评价的行为。各级文化行政部门和公共文化机构应在全面开展公共文化资金各项审计工作的基础上，重点做好以下几方面的工作。一是加强对公共文化服务体系建设中央专项资金（如免费开放经费等）的使用、管理情况的审计。二是依照国家有关法律法规及政策，对公共文化机构收费进行审计或者审计调查、监督，防止和治理各种乱收费；三是继续加强基建和修缮工程项目审计。

建立健全公共文化服务资金使用的统计公告制度，是公共文化服务经费管理的重要内容，是监督公共文化服务资金使用、加强绩效考评以及了解和掌握公共文化服务现状和发展趋势的主要手段，也是政府公共文化管理决策依据之一。近年来，各级文化行政部门加强了公共文化统计工作，但在实践中，由于缺少法律法规约束，一些单位漏报、误报、迟报、不报的现象还时有存在，有些地方的报告内容不全面、不规范、统计不准确、分析不符合实际情况，这些都需要逐步加以规范。本条从法律上确立了公共文化服务资金使用的统计公告制度，明确要求县级以上各级人民政府都要建立公共文化服务资金统计公告制度。

公共文化服务资金使用统计公告制度主要分两种情况：一种是国家统计，即依据《中华人民共和国统计法》，运用各种统计方法对国民经济和社会发展情况进行统计调查、统计分析，提供统计资料和统计咨询意见，实行统计监督。公共文化经费纳入国家统计范畴后，将由国家统计机构和统计人员依照统计法规定独立行使统计调查、统计报告、统计监督的职权。另一种是系统内部统计，即文化行政部门、事业单位和其他社会力量举办的公共文化机构，必须依照统计法和公共文化服务保障法，填报公共文化统计调查表，提供公共文化统计调查所需要的统计资料，必要时可设置内部统计机构或配备统计干部。各级文化部门在开展统计工作时，应与同级人民政府统计机构加强协作，并在统计业务上接受指导。统计公告作为国家统计工作的一部分，各级负责统计公告工作的单位和人员，必须树立法制观念，不得虚报、漏报、拒报、迟报、伪造和篡改。任何单位和个人不得以任何借口阻碍统计公告人员依法履行统计公告义务。公共文化服务保障法规定县级以上各级人民政府都要建立健全公共文化服务资金的统计公告制度，有利于确保各级统计部门和文化行政部门依法履行职责，做好本行政区域内的公共文化服务资金执行情况统计公告的管理工作，并定期向社会公布统计公告的结果，以接受社会监督。

101. 审计机关应如何加强对公共文化服务资金的审计监督?

公共文化服务保障法第五十五条第二款规定，审计机关应当依法加强对公共文化服务资金的审计监督。在我国，审计机关是指依照国家法律规定设立的、代表国家行使审计监督职权的国家各级审计机关。根据我国宪法和审计条例的规定，国务院设立审计署，县级以上地方各级人民政府设立审计机关。审计署和省、自治区、直辖市，以及计划单列城市的审计机关，根据审计工作的需要，可以在重点地区、部门设立派出机构，进行审计监督。

我国审计法规定，国家实行审计监督制度。由国家审计机关依照审计法对有关部门和单位使用公共文化服务资金的情况进行审计监督，是审计法规定的一种重要的国家财政、财务监督制度，即由国家审计机关独立于被审计单位的机构和人员，依照法律规定的职权和程序，对被审计单位的财政收支或者财务收支的真实性、合法性和效益进行审计，提出审计报告。为了提高公共文化服务资金的使用效益，各级人民政府审计机关应当将公共文化服务资金的使用情况纳入审计监督计划，加强事前、事中和事后的综合审计监督。

审计法第十六条规定，审计机关对本级各部门（含直属单位）和下级政府预算的执行情况和决算以及其他财政收支情况，进行审计监督；第十九条规定，审计机关对国家的事业组织和使用财政资金的其他事业组织的财务收支，进行审计监督；第二十六条规定，审计机关对其他法律、行政法规规定应当由审计机关进行审计的事项，依照审计法和有关法律、行政法规的规定进行审计监督。根据审计法和公共文化服务保障法的规定，文化行政部门、使用公共文化服务资金的公共文化机构等，都是法律所规定的被审计单位，应当依法接受国家审计机关的审计监督。审计机关在对上述被审计单位的公共文化服务资金的使用和执行情况实施审计时可以行使下列权限：（1）要求被审计单位按照规定报送预算或者财务收支计划、预算执行情况、决算、财务报告以及其他与财政收支或者财务收支有关的资料，被审计机关不得拒绝、拖延、谎报；（2）检查被审计单位的会计凭证、会计账簿、会计报表以及其他与财政收支或者财务收支有关的资料和资产，被审计单位不得拒绝；（3）就审计事项的有关问题向有关单位和个人进行调查，并取得有关证明材料，有关单位和个人应当支持、协助审计机关工作，如实向审计机关反映情况，提供有关证明材料；（4）制止被审计单位正在进行的违反国家规定的财政收支、财务收支行为和其他阻碍审计工作的行为；（5）向政府有关部门通报或者向社会公布审计结果。

102. 各级政府应当如何加强对公共文化服务工作的监督检查？

公共文化服务保障法第二条规定，公共文化服务由政府主导、社会力量参与。多元化的公共文化服务格局，对公共文化服务的监督检查工作提出了更高的要求，尤其是在引入行业协会、社会中介组织、志愿者服务以及某些企业提供的公共文化服务后，必须实行规范、有序、公开、有效的监督，以保证公共文化服务达到标准要求，不偏离目标和方向。此外，加强对公共文化服务工作的监督检查，确保公共文化产品和服务的提供能够有序开展，最终满足人民群众的文化需求，也是建设服务型和责任型政府的基本要求。公共文化服务保障法第五十六条明确规定，各级人民政府应当加强对公共文化服务工作监督检查，建立反映公众文化需求的征询反馈制度和有公众参与的公共文化服务考核评价制度，并将考核评价结果作为确定补贴或者奖励的依据。

第一，关于反映公众文化需求的征询反馈制度。目前，我国的公共文化服务体系尚不完备，一方面存在服务内容单一，数量不足，可选择性较少的问题，另一方面存在产品和服务供给的部门意志和主观倾向，往往与群众文化需求脱节，不能有效满足人民群众文化需求。公共文化服务保障法在总则中明确了公共文化服务坚持以人民为中心的发展方向，就是强调公共文化服务要尊重人民群众的主体地位，必须围绕人民群众的文化需求展开，促进文化融入人民群众生活。为了改变公共文化产品、服务供需脱节的现象，中办国办《关于加快构建现代公共文化服务体系的意见》明确要求建立群众文化需求反馈机制，及时准确了解和掌握群众文化需求，开展“菜单式”“订单式”服务，改变公共文化服务产品供给中的主观倾向，强化公共文化服务中的群众主体地位，通过建立公众文化需求反馈机制，有针对性地设计和提供公共文化产品，探索生产方以需定产、供给方菜单提供、受益方自主选择的文化产品供给新模式，切实解决目前公共文化产品供给与群众文化需求脱节的问题，提升公共文化服务的效能。公共文化服务保障法规定建立反映公众文化需求的征询反馈制度，是将中办国办《关于加快构建现代公共文化服务体系的意见》有关精神法律化，强调公共文化机构应通过征询和反馈，对群众文化需求进行识别和引导，以群众文化需求为出发点，提供适合群众文化需要的产品和服务，体现尊重人民群众的文化参与权和表达权。

第二，关于公众参与的公共文化服务考核评价制度。经过十多年公共文化服务体系建设，文化在中国特色社会主义建设总体布局的地位和作用更加凸显，文化建设成为中国特色社会主义事业“五位一体”总体布局中的重要内容。中央多次强调要将文化改革发展纳入经济社会发展总体规划，列入各级政府效能和领导干部政绩考核体系。中办国办《关于加快构建现代公共文化服务体系的意见》明确提出，完善公共文化服务评价工作机制，将公共文化服务绩效作为考核评价领导班子和领导干部的重要内容；完善公共文化服务质量监测体系，研究制定公众满意度指标，建立群众评价和反馈机制；探索建立公共文化服务第三方评价机制，增强公共文化服务评价的客观性和科学性。近年来，中央和地方各级政府围绕公共文化服务考核评价制度进行了一系列探索，针对地方政府、文化行政部门、公共文化机构和重大文化工程建立了考核评价指标体系。公众是公共文化服务和产品的接受者和消费者，公众评价是衡量公共文化服务水平的重要尺度，因此，公众参与理应成为公共文化服务考核评价的重要内容。公共文化服务保障法明确规定了建立公众参与的公共文化服务考核评价制度，将公众评价纳入公共文化服务考核评价体系，有助于树立以人民为中心的文化服务意识。在公共文化服务保障法中，考核评价机制引入公众参与是一以贯之的思想，如第二十三条关于公共文化设施使用效能评价，规定各级人民政府应当建立有公众参与的公共文化设施使用效能考核评价制度。

第三，关于考核评价结果的运用。为了强化考核评价的刚性和严肃性，必须注重考核评价结果的运用，建立健全绩效考核和问责机制，将考核结果与奖惩挂钩，促进公共文化服务效能的提升。中办国办《关于加快构建现代公共文化服务体系的意见》要求，建立公共文化机构绩效考评制度，考评结果作为确定预算、收入分配与负责人奖惩的重要依据。在《国家基本公共文化服务指导标准（2015—2020 年）》的实施机制中，也明确提出了中央和省级财政通过转移支付对老少边穷地区基本公共文化服务保障资金予以补助，同时，对绩效评价结果优良的地区予以奖励。具体措施是，文化部、各省级文化行政部门会同有关部门建立对标准实施情况的动态监测机制和绩效评价机制，加强督促检查。积极引入社会第三方开展公众满意度测评，对公众满意度较差的要进行通报批评，对好的做法和经验及时总结、推广。公共文化服务保障法规定将考核评价结果作为确定补贴或者奖励的依据，是将已有政策提升为法律规定。

103. 如何理解公共文化服务的信息公开要求?

公共文化服务保障法第五十七条第一款规定，各级人民政府及有关部门应当及时公开公共文化服务信息，主动接受社会监督。这里所说的“公共文化服务信息”，是指各级人民政府及有关部门在履行公共文化服务职责过程中制作或者获取的，以一定形式记录、保存的信息。按照《中华人民共和国政府信息公开条例》的规定，属于政府信息，应当及时公开。

关于公开主体。应当对所掌握的公共文化服务信息进行公开的，既包括各级人民政府公共文化服务主管部门，也包括其他部门。公共文化服务保障法第七条规定，各级文化主管部门和新闻出版广电主管部门是公共文化服务的主管部门，因此承担着公开相关信息的职责。除文化主管部门和新闻出版广电主管部门以外，统计、财政、税务等部门，不但可以获取、掌握公共文化机构和服务的信息，还能够参与制作有关公共文化信息，例如统计公共文化机构信息，发布公共文化活动开展数据，制定公共文化税收优惠政策，对公共文化服务领域的社会组织给予税收优惠等，因此，各相关部门在各自的职责范围内，都有公开公共文化服务信息的义务，以更好地主动接受社会监督。

关于公开原则。公共文化服务信息公开应该遵守真实、完整、及时的原则。真实的要求是，与客观事实相符合，准确可靠。真实是一切信息的核心要素。信息失真，也就失去了全部意义。各级政府要对发布信息真实性承担主体责任。完整，即没有损坏或残缺，要求有关部门严格按照法律、行政法规的要求，全面公开有关信息，不得进行选择性公开。当然，根据有关法律法规，涉及国家秘密、商业秘密、个人隐私的信息，不得公开。有关部门在公开公共文化服务信息时，要以审慎态度，判断信息是否属于禁止公开的内容。及时，是对信息的时效性提出的要求。信息的生命力在于更新和流动，信息在传播中的更新速度越快，在实践中的价值就越高，意义越大。

关于公开方式。《中华人民共和国政府信息公开条例》规定，信息公开分为主动公开和依申请公开。该条例第九条规定，行政机关对符合下列基本要求之一的政府信息应当主动公开：（1）涉及公民、法人或者其他组织切身利益的；（2）需要社会公众广泛知晓或者参与的；（3）反映本行政机关机构设置、职能、办事程序等情况的；（4）其他依照法律、法规和国家有关规定应当主动公开的。该条例第十三条规定，公民、法人或者其他组织可以根据自身生产、生活、科研等特殊需要，向国务院部门、地方各级人民政府及县级以上地方人民政府部门申请获取相关政府信息。

关于公开内容。各相关信息公开主体都应该在各自职责范围内公开相应的公共文化服务信息，以更好地让公众参与公共文化服务，更好地主动接受社会监督。信息公开条例第十条对政府主动公开的具体内容做出了列举：（1）行政法规、规章和规范性文件；（2）国民经济和社会发展规划、专项规划、区域规划及相关政策；（3）国民经济和社会发展统计信息；（4）财政预算、决算报告；（5）行政事业性收费的项目、依据、标准；（6）政府集中采购项目的目录、标准及实施情况；（7）行政许可的事项、依据、条件、数量、程序、期限以及申请行政许可需要提交的全部材料目录及办理情况；（8）重大建设项目的批准和实施情况；（9）扶贫、教育、医疗、社会保障、促进就业等方面的政策、措施及其实施情况；（10）突发公共事件的应急预案、预警信息及应对情况；（11）环境保护、公共卫生、安全生产、食品药品、产品质量的监督检查情况。具体到公共文化服务领域，各级人民政府应及时公开公共文化服务相关法规制度、公共文化资金预算和使用情况、基本公共文化服务标准、政府向社会力量购买公共文化服务的内容、公共文化服务年度报告等。各级人民政府文化行政部门应公开公共文化服务设施布局、公共文化服务标准等事关百姓文化权益的内容。公共文化设施管理单位应公示服务项目、开放时间、收费标准等内容。

104. 新闻媒体应如何发挥对公共文化服务的宣传和监督作用?

新闻媒体是推动经济社会发展的重要力量，要按照习近平总书记关于做好宣传工作的重要指示精神，积极适应传统媒体与新兴媒体融合发展的新趋势，牢牢把握正确的舆论导向，弘扬主旋律、传播正能量，为改革发展创造和谐稳定的舆论环境。

舆论监督是指公众通过新闻媒介对党务、政务和一切公共事务的公开，对国家机关各级公务人员的施政活动，以及社会公众人物的监督，这种监督既包括揭露和批评，又包括评价和建议。公民享有依法运用新闻媒体充分发表意见、建议和呼声，表达自己意志的权利和自由；享有对国家和社会事务实行舆论监督的权利和自由。我国的新闻舆论监督实质上是人民的监督，是党和人民群众通过新闻舆论对各级党政机关的工作及其工作人员、社会事务实行监督。

按照中央宣传工作的要求，新闻媒体开展宣传报道和舆论监督，要摆正舆论监督与舆论导向的关系，任何时候都不能偏离正确的舆论导向。坚持党性原则，坚持以正面宣传为主的方针，这是坚持正确的新闻舆论导向的根本保证，更是正确实施舆论监督的关键所在。新闻舆论监督是建立在正确舆论导向基础之上的舆论监督，是为舆论导向服务的。舆论监督与舆论导向两者不能分开，不能独立，而是相互依赖，相辅相成的。

落实到公共文化服务领域，新闻媒体应当积极开展公共文化服务的宣传报道，同时加强对公共文化工作的舆论监督。新闻媒体要有组织、有计划地采取多种形式，在广大人民群众中普及公共文化服务知识，在弘扬社会主义核心价值观，繁荣社会主义文艺事业等方面发挥积极作用。要加强对公共文化服务法律政策的解读、加强对地方创新实践的宣传、突出对公共文化服务重大事件的宣传报道，特别是要关注各地公共文化服务建设让人民群众有获得感、幸福感的鲜活事例，使宣传报道贴近人民群众，贴近社会生活，增强公共文化服务对公众的吸引力、感染力。同时，新闻媒体还要加强舆论监督，注意把普及公共文化知识同报道公共文化服务发展中存在的问题结合起来，同满足人民群众普遍关切的文化需求结合起来，同促进经济发展和社会进步结合起来。舆论监督不是为曝光而曝光，而是通过曝光改进工作。总之，在推进公共文化服务体系建设进程中，必须充分发挥新闻媒体的宣传报道和舆论监督作用。公共文化服务保障法第五十七条第二款规定，新闻媒体应当积极开展公共文化服务的宣传报道，并加强舆论监督，这为新闻媒体积极参与公共文化服务提供了法律依据。

第五章　法律责任

105. 承担公共文化服务保障法律责任的主体主要包括哪些?

公共文化服务的责任主体是政府。依据公共文化服务保障法第五十八条的规定，这里的政府包括地方各级人民政府和县级以上人民政府有关部门。

地方各级人民政府是指省、自治区、直辖市、自治州、设区的市、县、自治县、不设区的市、市辖区、乡镇的人民政府。地方各级人民政府是地方各级国家权力机关的执行机关，是地方各级国家行政机关。地方人民政府负有统筹协调公共文化服务的责任。

县级以上人民政府有关部门是指中央、省、自治区、直辖市、自治州、设区的市、县、自治县、不设区的市、市辖区的与公共文化服务相关的职能部门。国务院文化主管部门、新闻出版广电主管部门负责全国的公共文化服务工作，县级以上地方人民政府文化、新闻出版广电主管部门根据其职责负责本行政区域内的公共文化服务工作。其他有关部门在各自职责范围内负责相关公共文化服务工作。这是因为公共文化服务的保障责任涉及公共文化服务生产、供给过程中的人力资源、财政、公共设施等方方面面，例如财政部门负责财政资源保障，人事部门负责人力资源的保障，规划部门负责公共文化设施的建设用地规划方面的保障。各级人民政府应当加强对公共文化服务的统筹协调，推动实现共建共享。

106. 地方人民政府及其有关部门不履行公共文化服务保障职责承担什么法律责任?

公共文化服务保障法第五十八条规定，违反本法规定，地方各级人民政府和县级以上人民政府有关部门未履行公共文化服务保障职责的，由其上级机关或者监察机关责令限期改正；情节严重的，对直接负责的主管人员和其他直接责任人员依法给予处分。这说明，地方各级人民政府和县级以上各级人民政府有关部门未履行公共文化服务保障职责要承担行政责任，分为如下两种情况。

一是责令限期改正。这里规定的责令限期改正的对象，是地方各级人民政府和县级以上人民政府有关部门。提出限期改正要求的主体，是其上级机关或者监察机关。责令限期改正，就是要求相关政府和部门在一定期限内纠正未履行公共文化服务保障职责的行为，以维持法定的秩序或者状态。这一行为具有事后救济性。行政监察机关是行政系统中设置的专司监察职能的机关。行政监察法规定，行政监察机关可以对本级人民政府各部门及其公务员的执法、廉政、效能情况进行监察，检查国家行政机关在遵守和执行法律、法规和人民政府的决定、命令中的问题。未履行公共文化服务保障职责，属于“不执行法律、法规或者违反法律、法规以及人民政府的决定、命令，应当予以纠正的”，监察机关根据检查、调查结果，可以提出监察建议。因此，除了上一级人民政府之外，同级人民政府的行政监察机关也可以作出监察决定或者提出监察建议，责令限期改正。

二是依法给予行政处分。这里规定的处分对象，是地方各级人民政府和县级以上人民政府有关部门直接负责的主管人员和其他直接责任人员。实施处分的主体，是上述人员的任免机关或者监察机关。前提是“情节严重”，一般是指未履行公共文化服务保障职责具有社会危害性，主观上有恶意，客观上造成社会危害性，在社会上、在一定区域内、在公共文化服务的相关领域内影响大、程度深、范围广。给予行政处分，就是按照公务员法的规定给予处分。行政处分属于内部行政行为，是指国家行政机关对其系统内部违法失职的公务员实施的一种惩戒措施，由行政主体基于行政隶属关系依法作出。它具有强烈的约束力，管理相对人不服，行政主体可以强制执行。行政处分种类有六种：警告、记过、记大过、降级、撤职、开除。

107. 地方人民政府及其有关部门履行公共文化服务职责过程中出现违法行为承担什么法律责任？

地方各级人民政府和县级以上人民政府有关部门在履行公共文化服务职责过程中出现违法行为，可以分为以下四种情况。

第一，侵占、挪用公共文化服务资金和公共文化设施。所谓侵占，是指国家工作人员或受国家机关、国有公司、企业、事业单位、人民团体委托管理、经营国有财产的人员，未经合法批准，利用职务便利条件，将公共文化服务资金、公共文化设施非法占为己有。所谓非法占为己有，是指采用各种手段将公共文化服务资金、公共文化设施化为私有。侵占的对象，是公共文化服务资金、公共文化设施；侵占所侵害的客体，是公共文化服务资金、公共文化设施的所有权。所谓挪用，是指国家工作人员或受国家机关、国有公司、企业、事业单位、人民团体委托管理、经营国有财产的人员，未经合法批准，利用职务便利条件，将公共文化服务资金、公共文化设施挪作其他用途，但准备日后退还。挪用的对象，是公共文化服务资金、公共文化设施；挪用所侵害的客体，是公众对公共文化服务资金、公共文化设施的使用权。侵占和挪用的区别在于，侵占涉及所有权，挪用涉及使用权。所谓利用职务上的便利，是指利用在职务上主管、经管、调配、使用或经手的方便条件。未利用职务上的便利，不可能侵占、挪用公共文化服务资金、公共文化设施。

第二，擅自拆除公共文化设施，或者改变其功能、用途。公共文化服务保障法第十九条第二款规定，因城乡建设确需拆除公共文化设施，或者改变其功能、用途的，应当依照有关法律、行政法规的规定重建、改建，并坚持先建设后拆除或者建设拆除同时进行的原则。重建、改建的公共文化设施的设施配置标准、建筑面积等不得降低。这里强调拆除公共文化设施或者改变设施的功能、用途，只能是出于“城乡建设确需”。这意味着只有在城乡建设确实需要的情况下，才可以这样做。

第三，未依照本法规定重建公共文化设施。因城乡建设确实需要拆除公共文化设施，或者改变其功能、用途，需遵循严格的程序。一是《公共文化体育设施条例》第二十七条规定，有关地方人民政府在作出决定前，应当组织专家论证，并征得上一级人民政府文化行政主管部门、体育行政主管部门同意，报上一级人民政府批准。涉及大型公共文化体育设施的，上一级人民政府在批准前，应当举行听证会，听取公众意见。二是重建、改建的公共文化设施的设施配置标准、建筑面积等不得降低。经批准拆除公共文化体育设施或者改变其功能、用途的，应当依照国家有关法律、行政法规的规定择地重建。重新建设的公共文化体育设施，应当符合规划要求，不得降低标准。这里的标准包括建筑面积和设施配置，即建筑面积不小于原来标准，设施配置不低于原来标准。三是重建、改建工作应当坚持先建设后拆除或者建设拆除同时进行的原则，即尽一切可能保证依托原有的公共文化设施所进行的公共文化服务不受重建、改建的影响。

第四，滥用职权、玩忽职守、徇私舞弊。根据公务员法第五十三条的规定，公务员必须遵纪守法，不得有玩忽职守、滥用职权等行为，否则依法予以行政处分。这里所指的滥用职权、玩忽职守、徇私舞弊，属于情节轻微，造成的损失不大，属于一般违法行为，可以追究行政责任。如果滥用职权、玩忽职守、徇私舞弊，致使公共财产、国家和人民利益遭受重大损失的，依照刑法规定构成犯罪的，依法追究刑事责任。

地方各级人民政府和县级以上人民政府有关部门违反上述规定，应承担的行政责任如下：（1）由其上级机关或者监察机关责令限期改正；（2）情节严重的，对直接负责的主管人员和其他直接责任人员按照公务员法的规定给予处分。

108. 侵占公共文化设施建设用地或者擅自改变其用途的承担什么法律责任?

公共文化服务保障法第十六条第二款规定，任何单位和个人不得侵占公共文化设施建设用地或者擅自改变其用途。因特殊情况需要调整公共文化设施建设用地的，应当重新确定建设用地。调整后的公共文化设施建设用地不得少于原有面积。违反本项规定的行为有以下两种情况。

一是侵占公共文化设施的建设用地。依据土地管理法和城乡规划法的规定，城市基础设施用地和公益事业用地，经县级以上人民政府依法批准，可以以划拨方式取得。在城市、镇规划区内以划拨方式提供国有土地使用权的建设项目，经有关部门批准、核准、备案后，建设单位应当向城市、县人民政府城乡规划主管部门提出建设用地规划许可申请，由城市、县人民政府城乡规划主管部门依据控制性详细规划核定建设用地的位置、面积、允许建设的范围，核发建设用地规划许可证。建设单位在取得建设用地规划许可证后，方可向县级以上地方人民政府土地主管部门申请用地，经县级以上人民政府审批后，由土地主管部门划拨土地。在城乡规划中应充分考虑公共文化服务设施的用地需求，在交通便利、城乡居民集中的区域预留充分的建设用地，确保公共文化服务设施建设的土地供给。侵占公共文化设施的建设用地，是指违反上述法律程序，侵占城乡规划中预留的用于公共文化设施的建设用地。

二是擅自改变公共文化设施建设用地的用途。每一种土地用途都是经过登记的，改变土地用途是指改变原本登记的土地用途，要经过审批。依法改变土地权属和用途的，应当办理土地变更登记手续。建设单位使用国有土地的，应当按照土地使用权出让等有偿使用合同的约定或者土地使用权划拨批准文件的规定使用土地。确需改变该幅土地建设用途的，应当经有关人民政府土地行政主管部门同意，报原批准用地的人民政府批准。城乡规划法第三十五条规定，基础设施、公共服务设施用地和生态环境用地，一经批准不得擅自改变用途。因此，在城市规划区内改变土地用途的，在报批前，应当先经有关城市规划行政主管部门同意。如果没有经过法定程序，擅自改变公共文化设施的建设用地的用途，属于违法行为。

违法侵占公共文化设施的建设用地或者擅自改变其用途的，应承担以下法律责任。

第一，侵占公共文化体育设施建设预留地或者改变其用途的，不符合土地利用总体规划而非法占用土地新建建筑物和其他设施的，依据土地管理法第七十六条的规定处理，即由土地行政主管部门、城乡规划行政主管部门依据各自职责责令限期改正。

第二，在土地行政主管部门、城乡规划行政主管部门给定的期限内没有改正的，由作出决定的机关依法强制执行，或者依法申请人民法院强制执行。

109. 公共文化设施管理单位未妥善履行管理义务承担什么法律责任?

公共文化设施管理单位，是指负责公共文化设施的维护、为公众提供公共文化服务的公共文化机构。公共文化设施管理单位是法定的公共设施管理者，依法承担公共文化服务设施的管理、公共文化服务的提供等法定义务。

一是按照国家规定对公众开放，提供服务。公共文化服务保障法第三十一条第一款规定，公共文化设施应当根据其功能、特点，按照国家有关规定，向公众免费或者优惠开放。

如果按照国家有关规定应该免费开放的，却向公众收取费用，或者按照国家有关规定应该向老年人、学生等群体优惠开放的，却没有优惠，就属于未按照规定对公众开放。

二是需公示服务项目、开放时间等事项。公共文化服务保障法第三十一条第四款规定，公共文化设施管理单位应当公示服务项目和开放时间；临时停止开放的，应当及时公告。《公共文化体育设施条例》第十八条规定，公共文化体育设施管理单位应当向公众公示其服务内容和开放时间。公共文化体育设施因维修等原因需要暂时停止开放的，应当提前7日向公众公示。

三是建立安全管理制度。公共文化服务保障法第二十二条规定，公共文化设施管理单位应当建立健全安全管理制度，开展公共文化设施及公众活动的安全评价，依法配备安全保护设备和人员，保障公共文化设施和公众活动安全。公共文化设施是人流密集场所，安全管理是重中之重。

四是全面履行管理职责，防止设施设备人员损失。公共文化服务保障法第二十一条规定，公共文化设施管理单位应当建立健全管理制度和服务规范。第二十二条规定应当建立健全安全管理制度，开展公共文化设施及公众活动的安全评价，依法配备安全保护设备和人员。第四十四条规定任何组织和个人不得利用公共文化设施、文化产品、文化活动以及其他相关服务，从事危害国家安全、损害社会公共利益和其他违反法律法规的活动。这些都是管理制度的组成部分。因管理不善造成损失，是指因为没有建立健全管理制度、安全制度，因此而引起的损失。这里的“损失”，既包括公共文化设施设备的财产损失，也包括公众安全、人身健康方面的损失。

公共文化设施管理单位违反法律规定，未妥善履行管理责任，由其主管部门责令限期改正。如果造成严重后果，则对直接负责的主管人员和其他直接责任人员，由任免机关或者监察机关根据《行政机关公务员处分条例》的相关规定给予行政处分。处分方式包括警告、记过、记大过、降级、撤职、开除。考虑到本条涉及的范围较广，所指的“造成严重后果的”，应当结合相应的法律、行政法规和司法解释来加以确定。

110. 公共文化设施管理单位违法管理运行承担什么法律责任?

按照公共文化服务保障法第六十二条规定，公共文化设施管理单位违法管理运行的情形包括以下三种情况。

第一，开展与公共文化设施功能、用途不符的服务活动的。公共文化服务保障法第二十九条规定，公益性文化单位应当完善服务项目、丰富服务内容，创造条件向社会公众提供免费或者优惠的文艺演出、陈列展览、电影放映、广播电视节目、阅读服务、艺术培训等，并为公众开展文化活动提供支持和帮助。第十九条规定，不得将公共文化设施用于与公共文化服务无关的商业经营活动。如果公共文化设施开展的活动不在上述范围之内，或者出租公共文化设施用于与公共文化无关的商业活动，就属于没有依法使用公共文化设施。

第二，对应当免费开放的公共文化设施收费或者变相收费的。目前公共文化体育设施中基本公共文化服务项目是不收费的，比如图书阅览、外借以及一些不需要提供专门服务的场地。对基本公共文化服务项目不得收费或变相收费。同时，不得将基本服务随便变更为非基本服务。《公共文化体育设施条例》规定，公共文化体育设施管理单位提供服务可以适当收取费用，收费项目和标准应当经县级以上人民政府有关部门批准。此项条款主要是针对非基本服务的收费。但是，公共文化设施毕竟是公益性的，它不是经营性资产，不以营利为目的，因此，和一般的企业经营活动相比较，公共文化设施的收费要受到以下几项限制：一是收费项目和标准应当经县级以上人民政府有关部门批准；二是各项收入应当用于公共文化体育设施的维护、管理和事业发展，不得像企业利润一样用于分红；三是需要收取费用的公共文化体育设施管理单位，应当根据设施的功能、特点对学生、老年人、残疾人等免费或者优惠开放。

第三，收取费用未用于公共文化设施的维护、管理和事业发展，挪作他用的。公共文化设施属于公益性资产，所谓公益性，即不以营利为目的，但并不是不能有经营性活动，只是这些活动所收取的费用不得作为利润进行分配，只能用于公共文化设施的维护、管理和事业发展。“挪用”的主体只能是国家工作人员，在客观方面是利用职务上的便利，挪用的对象是公共文化设施收取的费用，挪用所侵害的客体是公众对这些费用的使用权。利用职务上的便利，是指利用在职务上主管、经管、调配、使用或经手的方便条件。未利用职务上的便利，不可能挪用公共文化设施收取的费用。国家工作人员有挪用行为，但情节轻微，造成的损失不大，依照刑法的规定尚不构成犯罪的，属于一般违法行为，追究行政责任。如果挪用资金数额巨大，或者用作非法活动，或者长时间未归还的，则构成犯罪。

如果有以上三种违法行为，公共文化设施管理单位必须承担以下法律责任：一是由其主管部门或者价格主管部门责令限期改正；二是没收违法所得；三是罚款，违法所得五千元以上的，处违法所得两倍以上五倍以下罚款，如果没有违法所得或者违法所得五千元以下的，处一万元以下的罚款；四是对直接负责的主管人员和其他直接责任人员，依法给予处分，这里的行政处分种类包括：警告、记过、记大过、降级、撤职、开除。

111. 公共文化活动中出现违反治安管理、刑事法律行为的怎样处罚？

根据公共文化服务保障法第六十三条的规定，构成违反治安管理行为的，由公安机关依法给予治安管理处罚。公民违反治安管理，扰乱公共秩序，妨害公共安全，侵犯他人人身权利、财产权利，妨害社会管理，具有社会危害性，依照

《中华人民共和国刑法》的规定构成犯罪的，依法追究刑事责任；尚不够刑事处罚的，由公安机关给予治安管理处罚。公共文化服务保障法第二十六条规定，公众在使用公共文化设施时，应当遵守公共秩序，爱护公共设施，不得损坏公共设施设备和物品。如果公众在使用公共文化设施时，有破坏公共设施，损坏公共设备和物品，如在图书馆损坏图书、电脑等行为，在博物馆损坏藏品等行为或者扰乱图书馆、博物馆、美术馆等公共文化设施的秩序，根据治安管理处罚法第二十三条的规定，“扰乱机关、团体、企业、事业单位秩序，致使工作、生产、营业、医疗、教学、科研不能正常进行，尚未造成严重损失的”或者“扰乱车站、港口、码头、机场、商场、公园、展览馆或者其他公共场所秩序的”“处警告或者二百元以下罚款；情节较重的，处五日以上十日以下拘留，可以并处五百元以下罚款”。造成严重损失，具有严重社会危害性的，依照刑法构成犯罪的，还要追究刑事责任。

公共文化服务保障法第六十三条规定，违反法律构成犯罪的，依法追究刑事责任。这里讲的构成犯罪，包括以下几种情况：

第一，公共文化服务保障法第五十九条第（四）项所指“滥用职权、玩忽职守、徇私舞弊”，构成犯罪的。刑法第三百九十七条规定，国家机关工作人员滥用职权或者玩忽职守，致使公共财产、国家和人民利益遭受重大损失的，处三年以下有期徒刑或者拘役；情节特别严重的，处三年以上七年以下有期徒刑。本法另有规定的，依照规定。国家机关工作人员徇私舞弊，犯前款罪的，处五年以下有期徒刑或者拘役；情节特别严重的，处五年以上十年以下有期徒刑。本法另有规定的，依照规定。根据刑法规定，构成本条的犯罪，除主体是国家机关工作人员以外，还须具备以下条件：一是实施了滥用职权、玩忽职守、徇私舞弊的行为；二是滥用职权、玩忽职守或者徇私舞弊的行为致使公共财产、国家和人民利益遭受重大损失的后果。如果国家机关工作人员有滥用职权或者玩忽职守的行为，但情节轻微，造成的损失不大，依照刑法的规定尚不构成犯罪的，属于一般违法行为，可以追究行政责任，依法给予处分。

第二，涉及挪用公共文化服务资金、公共文化设施的行为。公共文化服务保障法第五十五条规定，县级以上人民政府应当建立健全公共文化服务资金使用的监督和统计公告制度，确保资金用于公共文化服务，任何单位和个人不得侵占、挪用。第五十九条规定，侵占、挪用公共文化服务资金的，或者擅自侵占、挪用公共文化设施的，应承担法律责任。根据我国刑法第三百八十四条规定，国家工作人员利用职务上的便利，挪用公款归个人使用，进行非法活动的，或者挪用公款数额较大、进行营利活动的，或者挪用公款数额较大、超过三个月未还的，是挪用公款罪，处五年以下有期徒刑或者拘役；情节严重的，处五年以上有期徒刑。挪用公款数额巨大不退还的，处十年以上有期徒刑或者无期徒刑。根据刑法规定，构成本条的犯罪，犯罪主体只能是国家工作人员，在客观方面是利用职务上的便利，在主观方面具有挪用的故意，即准备以后归还。

判断挪用公款是否构成挪用公款罪，要看归谁使用、是否用于非法活动以及挪用时间长短。（1）挪用公款归个人使用，进行非法活动的，不要求数额较大，也不论挪用时间长短，原则上都可构成本罪。这里所说的“挪用公款归个人使用”，包括挪用者本人使用或者给其他人使用。“进行非法活动”是指进行违法犯罪活动，如赌博、走私等。（2）挪用公款归个人使用数额较大，进行营利活动的，无论挪用时间长短，原则上都可以定罪。这里所说的“进行营利活动”，是指进行经商办企业、投资股市、放贷等经营性活动。“数额较大”的具体标准，法律没有规定，应由司法机关根据实际情况作出司法解释。（3）挪用公款数额较大的，归个人使用，超过三个月未还的，构成挪用公款罪。这里所说的“未还”，是指案发前（被司法机关、主管部门或者有关单位发现前）未还。如果挪用公款数额较大，超过三个月后在案发前已全部归还本息的，不作为犯罪处理。

第三，涉及侵占公共文化服务资金、擅自侵占公共文化设施、侵占公共文化设施建设用地的行为。公共文化服务保障法第十六条第二款规定，任何单位和个人不得侵占公共文化设施建设用地或者擅自改变其用途。第五十九条规定，侵占、挪用公共文化服务资金的，或者擅自侵占、挪用公共文化设施的，要承担法律责任。刑法第三百八十二条规定，国家工作人员利用职务上的便利，侵吞、窃取、骗取或者以其他手段非法占有公共财物的，是贪污罪。受国家机关、国有公司、企业、事业单位、人民团体委托管理、经营国有财产的人员，利用职务上的便利，侵吞、窃取、骗取或者以其他手段非法占有国有财物的，以贪污论。与前两款所列人员勾结，伙同贪污的，以共犯论处。根据刑法规定，构成本条的犯罪，主体只能是国家工作人员或受国家机关、国有公司、企业、事业单位、人民团体委托管理、经营国有财产的人员，客观上是利用职务上的便利，侵吞、窃取、骗取或者以其他手段非法占有公共财物的。所谓侵吞，是指将暂时由自己合法管理、支配、使用或经手的财物非法据为己有；窃取，指行为人利用职务上的便利，秘密地将由其本人合法保管的财物据为己有；骗取，是指行为人利用职务上的便利，采用虚构事实、隐瞒真相的方法，非法占有单位的财物。所谓其他手段，是指行为人利用职务上的便利，使用侵吞、窃取、骗取以外的其他手段，非法占有公私财物。无论侵占的是公共文化服务资金，还是公共文化设施，都属于侵占公共财物，根据刑法规定，构成犯罪的，则定贪污罪。

关于挪用公款罪与贪污罪的区别，如果主观方面具有挪用的故意，即准备以后归还，不打算永久占有，则属于挪用公款罪，如果主观方面打算非法占为己有，则属于贪污罪。

第六章　附　　则

112. 境外人员和组织在国内从事公共文化服务有什么规定?

公共文化服务的责任主体是政府，公民、法人和其他组织都可以参与公共文化服务的生产和提供，境外自然人、法人和其他组织同样也可以参与。公共文化服务保障法第六十四条规定，境外自然人、法人和其他组织在中国境内从事公共文化服务的，应当符合相关法律、行政法规的规定。

境外非政府组织境内活动管理法第三条规定，境外非政府组织依照本法可以在经济、教育、科技、文化、卫生、体育、环保等领域和济困、救灾等方面开展有利于公益事业发展的活动。但是，与此同时，依据该管理法，境外非政府组织在中国境内不得从事或者资助营利性活动、政治活动，不得非法从事或者资助宗教活动。境外非政府组织在中国境内开展活动，应当依法登记设立代表机构；未登记设立代表机构需要在中国境内开展临时活动的，应当依法备案。境外非政府组织未登记设立代表机构、开展临时活动未经备案的，不得在中国境内开展或者变相开展活动，不得委托、资助或者变相委托、资助中国境内任何单位和个人在中国境内开展活动。因此，境外非政府组织中国境内从事公共文化服务的，应当遵守其规定。

境外自然人、法人和其他组织在中国境内从事公共文化服务，另一涉及较多的行为是捐赠。其中，在境外捐赠的程序上，公益事业捐赠法第十五条规定，境外捐赠人捐赠的财产，由受赠人按照国家有关规定办理入境手续；捐赠实行许可证管理的物品，由受赠人按照国家有关规定办理许可证申领手续，海关凭许可证验放、监管。华侨向境内捐赠的，县级以上人民政府侨务部门可以协助办理有关入境手续，为捐赠人实施捐赠项目提供帮助。在境外捐赠的税收减免上，公益事业捐赠法第二十六条规定，境外向公益性社会团体和公益性非营利的事业单位捐赠的用于公益事业的物资，依照法律、行政法规的规定减征或者免征进口关税和进口环节的增值税。慈善法第八十条第二款规定，境外捐赠用于慈善活动的物资，依法减征或者免征进口关税和进口环节增值税。境外捐赠用于文化公益事业的物资，可以依法享受减免税。

113. 公共文化服务保障法从什么时候开始施行?

公共文化服务保障法第六十五条规定，本法自 2017 年 3 月 1 日起施行。法律的施行日期就是法律的生效时间。立法法第五十七条规定，法律应当明确规定施行日期。明确施行日期是法律得到有效实施的必要前提。我国法律关于施行日期的规定，主要有两种情况：一是规定在法律通过以后的一段时间才施行。二是规定法律自公布之日起施行。公共文化服务保障法属于第一种情形，其表决通过的时间是2016年12月25日，施行时间是2017年3月1日。从通过到施行有三个多月的时间，可以为本法的顺利实施做准备。

一是理顺本法与现行相关法律、行政法规、规章、办法、规定等规范文件的关系。与行政法规、规章、办法、规定等的关系，应遵循“上位法优于下位法”的原则。比如公共文化体育设施条例、博物馆条例等，如与本法有抵触，要根据本法的规定予以修订。

二是本法规定的一些措施制度需要配套规定具体化，相关政府与部门应及时制定有关配套文件。比如，本法第十四条第二款规定，县级以上地方人民政府应当将本行政区域内的公共文化设施目录及有关信息予以公布。相关政府与部门需要抓紧制定出台配套规章文件。

三是要做好法律的宣传普及工作。本法涉及人民群众基本文化权益和基本文化需求的实现，政府主导公共文化服务，牵涉到国家和社会的多个方面，有关部门应面向社会做好宣传、普及工作，为法律施行创造条件。

此外，法律的施行时间还涉及法律对其施行前的行为的溯及力问题。我国法律除明确规定可溯及既往的情况以外，一般没有溯及力。本法对于溯及力问题未作规定，因此，对于本法施行以前的行为，不适用本法的规定。

附录

一、法律原文

中华人民共和国公共文化服务保障法

（2016 年 12 月 25 日第十二届全国人民代表大会常务委员会第二十五次会议通过　2016 年 12 月 25 日中华人民共和国主席令第六十号公布　自 2017 年 3 月 1 日起施行）

目　　录

第一章　总　　则

第一条　为了加强公共文化服务体系建设，丰富人民群众精神文化生活，传承中华优秀传统文化，弘扬社会主义核心价值观，增强文化自信，促进中国特色社会主义文化繁荣发展，提高全民族文明素质，制定本法。

第二条　本法所称公共文化服务，是指由政府主导、社会力量参与，以满足公民基本文化需求为主要目的而提供的公共文化设施、文化产品、文化活动以及其他相关服务。

第三条　公共文化服务应当坚持社会主义先进文化前进方向，坚持以人民为中心，坚持以社会主义核心价值观为引领；应当按照“百花齐放、百家争鸣”的方针，支持优秀公共文化产品的创作生产，丰富公共文化服务内容。

第四条　县级以上人民政府应当将公共文化服务纳入本级国民经济和社会发展规划，按照公益性、基本性、均等性、便利性的要求，加强公共文化设施建设，完善公共文化服务体系，提高公共文化服务效能。

第五条　国务院根据公民基本文化需求和经济社会发展水平，制定并调整国家基本公共文化服务指导标准。

省、自治区、直辖市人民政府根据国家基本公共文化服务指导标准，结合当地实际需求、财政能力和文化特色，制定并调整本行政区域的基本公共文化服务实施标准。

第六条　国务院建立公共文化服务综合协调机制，指导、协调、推动全国公共文化服务工作。国务院文化主管部门承担综合协调具体职责。

地方各级人民政府应当加强对公共文化服务的统筹协调，推动实现共建共享。

第七条　国务院文化主管部门、新闻出版广电主管部门依照本法和国务院规定的职责负责全国的公共文化服务工作；国务院其他有关部门在各自职责范围内负责相关公共文化服务工作。

县级以上地方人民政府文化、新闻出版广电主管部门根据其职责负责本行政区域内的公共文化服务工作；县级以上地方人民政府其他有关部门在各自职责范围内负责相关公共文化服务工作。

第八条 国家扶助革命老区、民族地区、边疆地区、贫困地区的公共文化服务，促进公共文化服务均衡协调发展。

第九条 各级人民政府应当根据未成年人、老年人、残疾人和流动人口等群体的特点与需求，提供相应的公共文化服务。

第十条 国家鼓励和支持公共文化服务与学校教育相结合，充分发挥公共文化服务的社会教育功能，提高青少年思想道德和科学文化素质。

第十一条 国家鼓励和支持发挥科技在公共文化服务中的作用，推动运用现代信息技术和传播技术，提高公众的科学素养和公共文化服务水平。

第十二条 国家鼓励和支持在公共文化服务领域开展国际合作与交流。

第十三条 国家鼓励和支持公民、法人和其他组织参与公共文化服务。

对在公共文化服务中作出突出贡献的公民、法人和其他组织，依法给予表彰和奖励。

第二章　公共文化设施建设与管理

第十四条 本法所称公共文化设施是指用于提供公共文化服务的建筑物、场地和设备，主要包括图书馆、博物馆、文化馆（站）、美术馆、科技馆、纪念馆、体育场馆、工人文化宫、青少年宫、妇女儿童活动中心、老年人活动中心、乡镇（街道）和村（社区）基层综合性文化服务中心、农家（职工）书屋、公共阅报栏（屏）、广播电视播出传输覆盖设施、公共数字文化服务点等。

县级以上地方人民政府应当将本行政区域内的公共文化设施目录及有关信息予以公布。

第十五条　县级以上地方人民政府应当将公共文化设施建设纳入本级城乡规划，根据国家基本公共文化服务指导标准、省级基本公共文化服务实施标准，结合当地经济社会发展水平、人口状况、环境条件、文化特色，合理确定公共文化设施的种类、数量、规模以及布局，形成场馆服务、流动服务和数字服务相结合的公共文化设施网络。

公共文化设施的选址，应当征求公众意见，符合公共文化设施的功能和特点，有利于发挥其作用。

第十六条　公共文化设施的建设用地，应当符合土地利用总体规划和城乡规划，并依照法定程序审批。

任何单位和个人不得侵占公共文化设施建设用地或者擅自改变其用途。因特殊情况需要调整公共文化设施建设用地的，应当重新确定建设用地。调整后的公共文化设施建设用地不得少于原有面积。

新建、改建、扩建居民住宅区，应当按照有关规定、标准，规划和建设配套的公共文化设施。

第十七条　公共文化设施的设计和建设，应当符合实用、安全、科学、美观、环保、节约的要求和国家规定的标准，并配置无障碍设施设备。

第十八条　地方各级人民政府可以采取新建、改建、扩建、合建、租赁、利用现有公共设施等多种方式，加强乡镇（街道）、村（社区）基层综合性文化服务中心建设，推动基层有关公共设施的统一管理、综合利用，并保障其正常运行。

第十九条　任何单位和个人不得擅自拆除公共文化设施，不得擅自改变公共文化设施的功能、用途或者妨碍其正常运行，不得侵占、挪用公共文化设施，不得将公共文化设施用于与公共文化服务无关的商业经营活动。

因城乡建设确需拆除公共文化设施，或者改变其功能、用途的，应当依照有关法律、行政法规的规定重建、改建，并坚持先建设后拆除或者建设拆除同时进行的原则。重建、改建的公共文化设施的设施配置标准、建筑面积等不得降低。

第二十条 公共文化设施管理单位应当按照国家规定的标准，配置和更新必需的服务内容和设备，加强公共文化设施经常性维护管理工作，保障公共文化设施的正常使用和运转。

第二十一条 公共文化设施管理单位应当建立健全管理制度和服务规范，建立公共文化设施资产统计报告制度和公共文化服务开展情况的年报制度。

第二十二条 公共文化设施管理单位应当建立健全安全管理制度，开展公共文化设施及公众活动的安全评价，依法配备安全保护设备和人员，保障公共文化设施和公众活动安全。

第二十三条 各级人民政府应当建立有公众参与的公共文化设施使用效能考核评价制度，公共文化设施管理单位应当根据评价结果改进工作，提高服务质量。

第二十四条 国家推动公共图书馆、博物馆、文化馆等公共文化设施管理单位根据其功能定位建立健全法人治理结构，吸收有关方面代表、专业人士和公众参与管理。

第二十五条 国家鼓励和支持公民、法人和其他组织兴建、捐建或者与政府部门合作建设公共文化设施，鼓励公民、法人和其他组织依法参与公共文化设施的运营和管理。

第二十六条 公众在使用公共文化设施时，应当遵守公共秩序，爱护公共设施，不得损坏公共设施设备和物品。

第三章　公共文化服务提供

第二十七条　各级人民政府应当充分利用公共文化设施，促进优秀公共文化产品的提供和传播，支持开展全民阅读、全民普法、全民健身、全民科普和艺术普及、优秀传统文化传承活动。

第二十八条　设区的市级、县级地方人民政府应当根据国家基本公共文化服务指导标准和省、自治区、直辖市基本公共文化服务实施标准，结合当地实际，制定公布本行政区域公共文化服务目录并组织实施。

第二十九条　公益性文化单位应当完善服务项目、丰富服务内容，创造条件向公众提供免费或者优惠的文艺演出、陈列展览、电影放映、广播电视节目收听收看、阅读服务、艺术培训等，并为公众开展文化活动提供支持和帮助。

国家鼓励经营性文化单位提供免费或者优惠的公共文化产品和文化活动。

第三十条　基层综合性文化服务中心应当加强资源整合，建立完善公共文化服务网络，充分发挥统筹服务功能，为公众提供书报阅读、影视观赏、戏曲表演、普法教育、艺术普及、科学普及、广播播送、互联网上网和群众性文化体育活动等公共文化服务，并根据其功能特点，因地制宜提供其他公共服务。

第三十一条　公共文化设施应当根据其功能、特点，按照国家有关规定，向公众免费或者优惠开放。

公共文化设施开放收取费用的，应当每月定期向中小学生免费开放。

公共文化设施开放或者提供培训服务等收取费用的，应当报经县级以上人民政府有关部门批准；收取的费用，应当用于公共文化设施的维护、管理和事业发展，不得挪作他用。

公共文化设施管理单位应当公示服务项目和开放时间；临时停止开放的，应当及时公告。

第三十二条 国家鼓励和支持机关、学校、企业事业单位的文化体育设施向公众开放。

第三十三条 国家统筹规划公共数字文化建设，构建标准统一、互联互通的公共数字文化服务网络，建设公共文化信息资源库，实现基层网络服务共建共享。

国家支持开发数字文化产品，推动利用宽带互联网、移动互联网、广播电视网和卫星网络提供公共文化服务。

地方各级人民政府应当加强基层公共文化设施的数字化和网络建设，提高数字化和网络服务能力。

第三十四条 地方各级人民政府应当采取多种方式，因地制宜提供流动文化服务。

第三十五条 国家重点增加农村地区图书、报刊、戏曲、电影、广播电视节目、网络信息内容、节庆活动、体育健身活动等公共文化产品供给，促进城乡公共文化服务均等化。

面向农村提供的图书、报刊、电影等公共文化产品应当符合农村特点和需求，提高针对性和时效性。

第三十六条 地方各级人民政府应当根据当地实际情况，在人员流动量较大的公共场所、务工人员较为集中的区域以及留守妇女儿童较为集中的农村地区，配备必要的设施，采取多种形式，提供便利可及的公共文化服务。

第三十七条 国家鼓励公民主动参与公共文化服务，自主开展健康文明的群众性文化体育活动；地方各级人民政府应当给予必要的指导、支持和帮助。

居民委员会、村民委员会应当根据居民的需求开展群众性文化体育活动，并协助当地人民政府有关部门开展公共文化服务相关工作。

国家机关、社会组织、企业事业单位应当结合自身特点和需要，组织开展群众性文化体育活动，丰富职工文化生活。

第三十八条　地方各级人民政府应当加强面向在校学生的公共文化服务，支持学校开展适合在校学生特点的文化体育活动，促进德智体美教育。

第三十九条　地方各级人民政府应当支持军队基层文化建设，丰富军营文化体育活动，加强军民文化融合。

第四十条　国家加强民族语言文字文化产品的供给，加强优秀公共文化产品的民族语言文字译制及其在民族地区的传播，鼓励和扶助民族文化产品的创作生产，支持开展具有民族特色的群众性文化体育活动。

第四十一条　国务院和省、自治区、直辖市人民政府制定政府购买公共文化服务的指导性意见和目录。国务院有关部门和县级以上地方人民政府应当根据指导性意见和目录，结合实际情况，确定购买的具体项目和内容，及时向社会公布。

第四十二条　国家鼓励和支持公民、法人和其他组织通过兴办实体、资助项目、赞助活动、提供设施、捐赠产品等方式，参与提供公共文化服务。

第四十三条　国家倡导和鼓励公民、法人和其他组织参与文化志愿服务。

公共文化设施管理单位应当建立文化志愿服务机制，组织开展文化志愿服务活动。

县级以上地方人民政府有关部门应当对文化志愿活动给予必要的指导和支持，并建立管理评价、教育培训和激励保障机制。

第四十四条　任何组织和个人不得利用公共文化设施、文化产品、文化活动以及其他相关服务，从事危害国家安全、损害社会公共利益和其他违反法律法规的活动。

第四章 保障措施

第四十五条 国务院和地方各级人民政府应当根据公共文化服务的事权和支出责任，将公共文化服务经费纳入本级预算，安排公共文化服务所需资金。

第四十六条 国务院和省、自治区、直辖市人民政府应当增加投入，通过转移支付等方式，重点扶助革命老区、民族地区、边疆地区、贫困地区开展公共文化服务。

国家鼓励和支持经济发达地区对革命老区、民族地区、边疆地区、贫困地区的公共文化服务提供援助。

第四十七条 免费或者优惠开放的公共文化设施，按照国家规定享受补助。

第四十八条 国家鼓励社会资本依法投入公共文化服务，拓宽公共文化服务资金来源渠道。

第四十九条 国家采取政府购买服务等措施，支持公民、法人和其他组织参与提供公共文化服务。

第五十条 公民、法人和其他组织通过公益性社会团体或者县级以上人民政府及其部门，捐赠财产用于公共文化服务的，依法享受税收优惠。

国家鼓励通过捐赠等方式设立公共文化服务基金，专门用于公共文化服务。

第五十一条 地方各级人民政府应当按照公共文化设施的功能、任务和服务人口规模，合理设置公共文化服务岗位，配备相应专业人员。

第五十二条　国家鼓励和支持文化专业人员、高校毕业生和志愿者到基层从事公共文化服务工作。

第五十三条　国家鼓励和支持公民、法人和其他组织依法成立公共文化服务领域的社会组织，推动公共文化服务社会化、专业化发展。

第五十四条　国家支持公共文化服务理论研究，加强多层次专业人才教育和培训。

第五十五条　县级以上人民政府应当建立健全公共文化服务资金使用的监督和统计公告制度，加强绩效考评，确保资金用于公共文化服务。任何单位和个人不得侵占、挪用公共文化服务资金。

审计机关应当依法加强对公共文化服务资金的审计监督。

第五十六条　各级人民政府应当加强对公共文化服务工作的监督检查，建立反映公众文化需求的征询反馈制度和有公众参与的公共文化服务考核评价制度，并将考核评价结果作为确定补贴或者奖励的依据。

第五十七条　各级人民政府及有关部门应当及时公开公共文化服务信息，主动接受社会监督。

新闻媒体应当积极开展公共文化服务的宣传报道，并加强舆论监督。

第五章　法律责任

第五十八条　违反本法规定，地方各级人民政府和县级以上人民政府有关部门未履行公共文化服务保障职责的，由其上级机关或者监察机关责令限期改正；情节严重的，对直接负责的主管人员和其他直接责任人员依法给予处分。

第五十九条 违反本法规定，地方各级人民政府和县级以上人民政府有关部门，有下列行为之一的，由其上级机关或者监察机关责令限期改正；情节严重的，对直接负责的主管人员和其他直接责任人员依法给予处分：

（一）侵占、挪用公共文化服务资金的；

（二）擅自拆除、侵占、挪用公共文化设施，或者改变其功能、用途，或者妨碍其正常运行的；

（三）未依照本法规定重建公共文化设施的；

（四）滥用职权、玩忽职守、徇私舞弊的。

第六十条 违反本法规定，侵占公共文化设施的建设用地或者擅自改变其用途的，由县级以上地方人民政府土地主管部门、城乡规划主管部门依据各自职责责令限期改正；逾期不改正的，由作出决定的机关依法强制执行，或者依法申请人民法院强制执行。

第六十一条 违反本法规定，公共文化设施管理单位有下列情形之一的，由其主管部门责令限期改正；造成严重后果的，对直接负责的主管人员和其他直接责任人员，依法给予处分：

（一）未按照规定对公众开放的；

（二）未公示服务项目、开放时间等事项的；

（三）未建立安全管理制度的；

（四）因管理不善造成损失的。

第六十二条 违反本法规定，公共文化设施管理单位有下列行为之一的，由其主管部门或者价格主管部门责令限期改正，没收违法所得，违法所得五千元以上的，并处违法所得两倍以上五倍以下罚款；没有违法所得或者违法所得五千元以下的，可以处一万元以下的罚款；对直接负责的主管人员和其他直接责任人员，依法给予处分：

（一）开展与公共文化设施功能、用途不符的服务活动的；

（二）对应当免费开放的公共文化设施收费或者变相收费的；

（三）收取费用未用于公共文化设施的维护、管理和事业发展，挪作他用的。

第六十三条　违反本法规定，损害他人民事权益的，依法承担民事责任；构成违反治安管理行为的，由公安机关依法给予治安管理处罚；构成犯罪的，依法追究刑事责任。

第六章　附　　则

第六十四条　境外自然人、法人和其他组织在中国境内从事公共文化服务的，应当符合相关法律、行政法规的规定。

第六十五条　本法自 2017 年 3 月 1 日起施行。

二、相关法律、法规

中华人民共和国宪法（节录）

（1982年12月4日第五届全国人民代表大会第五次会议通过　1982年12月4日全国人民代表大会公告公布施行　根据1988年4月12日第七届全国人民代表大会第一次会议通过的《中华人民共和国宪法修正案》、1993年3月29日第八届全国人民代表大会第一次会议通过的《中华人民共和国宪法修正案》、1999年3月15日第九届全国人民代表大会第二次会议通过的《中华人民共和国宪法修正案》和2004年3月14日第十届全国人民代表大会第二次会议通过的《中华人民共和国宪法修正案》修正）

……

第二十二条　国家发展为人民服务、为社会主义服务的文学艺术事业、新闻广播电视事业、出版发行事业、图书馆博物馆文化馆和其他文化事业，开展群众性的文化活动。

国家保护名胜古迹、珍贵文物和其他重要历史文化遗产。

……

第四十七条　中华人民共和国公民有进行科学研究、文学艺术创作和其他文化活动的自由。国家对于从事教育、科学、技术、文学、艺术和其他文化事业的公民的有益于人民的创造性工作，给以鼓励和帮助。

……

公共文化体育设施条例

（2003年6月18日国务院第十二次常务会议通过　2003年6月26日中华人民共和国国务院令第382号公布　自2003年8月1日起施行）

第一章　总　　则

第一条　为了促进公共文化体育设施的建设，加强对公共文化体育设施的管理和保护，充分发挥公共文化体育设施的功能，繁荣文化体育事业，满足人民群众开展文化体育活动的基本需求，制定本条例。

第二条　本条例所称公共文化体育设施，是指由各级人民政府举办或者社会力量举办的，向公众开放用于开展文化体育活动的公益性的图书馆、博物馆、纪念馆、美术馆、文化馆（站）、体育场（馆）、青少年宫、工人文化宫等的建筑物、场地和设备。

本条例所称公共文化体育设施管理单位，是指负责公共文化体育设施的维护，为公众开展文化体育活动提供服务的社会公共文化体育机构。

第三条　公共文化体育设施管理单位必须坚持为人民服务、为社会主义服务的方向，充分利用公共文化体育设施，传播有益于提高民族素质、有益于经济发展和社会进步的科学技术和文化知识，开展文明、健康的文化体育活动。

任何单位和个人不得利用公共文化体育设施从事危害公共利益的活动。

第四条 国家有计划地建设公共文化体育设施。对少数民族地区、边远贫困地区和农村地区的公共文化体育设施的建设予以扶持。

第五条 各级人民政府举办的公共文化体育设施的建设、维修、管理资金，应当列入本级人民政府基本建设投资计划和财政预算。

第六条 国家鼓励企业、事业单位、社会团体和个人等社会力量举办公共文化体育设施。

国家鼓励通过自愿捐赠等方式建立公共文化体育设施社会基金，并鼓励依法向人民政府、社会公益性机构或者公共文化体育设施管理单位捐赠财产。捐赠人可以按照税法的有关规定享受优惠。

国家鼓励机关、学校等单位内部的文化体育设施向公众开放。

第七条 国务院文化行政主管部门、体育行政主管部门依据国务院规定的职责负责全国的公共文化体育设施的监督管理。

县级以上地方人民政府文化行政主管部门、体育行政主管部门依据本级人民政府规定的职责，负责本行政区域内的公共文化体育设施的监督管理。

第八条 对在公共文化体育设施的建设、管理和保护工作中做出突出贡献的单位和个人，由县级以上地方人民政府或者有关部门给予奖励。

第二章　规划和建设

第九条 国务院发展和改革行政主管部门应当会同国务院文化行政主管部门、体育行政主管部门，将全国公共文化体育设施的建设纳入国民经济和社会发展计划。

县级以上地方人民政府应当将本行政区域内的公共文化体育设施的建设纳入当地国民经济和社会发展计划。

第十条　公共文化体育设施的数量、种类、规模以及布局，应当根据国民经济和社会发展水平、人口结构、环境条件以及文化体育事业发展的需要，统筹兼顾，优化配置，并符合国家关于城乡公共文化体育设施用地定额指标的规定。

公共文化体育设施用地定额指标，由国务院土地行政主管部门、建设行政主管部门分别会同国务院文化行政主管部门、体育行政主管部门制定。

第十一条　公共文化体育设施的建设选址，应当符合人口集中、交通便利的原则。

第十二条　公共文化体育设施的设计，应当符合实用、安全、科学、美观等要求，并采取无障碍措施，方便残疾人使用。具体设计规范由国务院建设行政主管部门会同国务院文化行政主管部门、体育行政主管部门制定。

第十三条　建设公共文化体育设施使用国有土地的，经依法批准可以以划拨方式取得。

第十四条　公共文化体育设施的建设预留地，由县级以上地方人民政府土地行政主管部门、城乡规划行政主管部门按照国家有关用地定额指标，纳入土地利用总体规划和城乡规划，并依照法定程序审批。任何单位或者个人不得侵占公共文化体育设施建设预留地或者改变其用途。

因特殊情况需要调整公共文化体育设施建设预留地的，应当依法调整城乡规划，并依照前款规定重新确定建设预留地。重新确定的公共文化体育设施建设预留地不得少于原有面积。

第十五条　新建、改建、扩建居民住宅区，应当按照国家有关规定规划和建设相应的文化体育设施。

居民住宅区配套建设的文化体育设施，应当与居民住宅区的主体工程同时设计、同时施工、同时投入使用。任何单位或者个人不得擅自改变文化体育设施的建设项目和功能，不得缩小其建设规模和降低其用地指标。

第三章　使用和服务

第十六条　公共文化体育设施管理单位应当完善服务条件，建立、健全服务规范，开展与公共文化体育设施功能、特点相适应的服务，保障公共文化体育设施用于开展文明、健康的文化体育活动。

第十七条　公共文化体育设施应当根据其功能、特点向公众开放，开放时间应当与当地公众的工作时间、学习时间适当错开。

公共文化体育设施的开放时间，不得少于省、自治区、直辖市规定的最低时限。国家法定节假日和学校寒暑假期间，应当适当延长开放时间。

学校寒暑假期间，公共文化体育设施管理单位应当增设适合学生特点的文化体育活动。

第十八条　公共文化体育设施管理单位应当向公众公示其服务内容和开放时间。公共文化体育设施因维修等原因需要暂时停止开放的，应当提前7日向公众公示。

第十九条　公共文化体育设施管理单位应当在醒目位置标明设施的使用方法和注意事项。

第二十条　公共文化体育设施管理单位提供服务可以适当收取费用，收费项目和标准应当经县级以上人民政府有关部门批准。

第二十一条　需要收取费用的公共文化体育设施管理单位，应当根据设施的功能、特点对学生、老年人、残疾人等免费或者优惠开放，具体办法由省、自治区、直辖市制定。

第二十二条 公共文化设施管理单位可以将设施出租用于举办文物展览、美术展览、艺术培训等文化活动。

公共体育设施管理单位不得将设施的主体部分用于非体育活动。但是，因举办公益性活动或者大型文化活动等特殊情况临时出租的除外。临时出租时间一般不得超过 10 日；租用期满，租用者应当恢复原状，不得影响该设施的功能、用途。

第二十三条 公众在使用公共文化体育设施时，应当遵守公共秩序，爱护公共文化体育设施。任何单位或者个人不得损坏公共文化体育设施。

第四章 管理和保护

第二十四条 公共文化体育设施管理单位应当将公共文化体育设施的名称、地址、服务项目等内容报所在地县级人民政府文化行政主管部门、体育行政主管部门备案。

县级人民政府文化行政主管部门、体育行政主管部门应当向公众公布公共文化体育设施名录。

第二十五条 公共文化体育设施管理单位应当建立、健全安全管理制度，依法配备安全保护设施、人员，保证公共文化体育设施的完好，确保公众安全。

公共体育设施内设置的专业性强、技术要求高的体育项目，应当符合国家规定的安全服务技术要求。

第二十六条 公共文化体育设施管理单位的各项收入，应当用于公共文化体育设施的维护、管理和事业发展，不得挪作他用。

文化行政主管部门、体育行政主管部门、财政部门和其他有关部门，应当依法加强对公共文化体育设施管理单位收支的监督管理。

第二十七条 因城乡建设确需拆除公共文化体育设施或者改变其功能、用途的，有关地方人民政府在作出决定前，应当组织专家论证，并征得上一级人民政府文化行政主管部门、体育行政主管部门同意，报上一级人民政府批准。

涉及大型公共文化体育设施的，上一级人民政府在批准前，应当举行听证会，听取公众意见。

经批准拆除公共文化体育设施或者改变其功能、用途的，应当依照国家有关法律、行政法规的规定择地重建。重新建设的公共文化体育设施，应当符合规划要求，一般不得小于原有规模。迁建工作应当坚持先建设后拆除或者建设拆除同时进行的原则。迁建所需费用由造成迁建的单位承担。

第五章 法律责任

第二十八条 文化、体育、城乡规划、建设、土地等有关行政主管部门及其工作人员，不依法履行职责或者发现违法行为不予依法查处的，对负有责任的主管人员和其他直接责任人员，依法给予行政处分；构成犯罪的，依法追究刑事责任。

第二十九条 侵占公共文化体育设施建设预留地或者改变其用途的，由土地行政主管部门、城乡规划行政主管部门依据各自职责责令限期改正；逾期不改正的，由作出决定的机关依法申请人民法院强制执行。

第三十条 公共文化体育设施管理单位有下列行为之一的，由文化行政主管部门、体育行政主管部门依据各自职责责令限期改正；造成严重后果的，对负有责任的主管人员和其他直接责任人员，依法给予行政处分：

（一）未按照规定的最低时限对公众开放的；

（二）未公示其服务项目、开放时间等事项的；

（三）未在醒目位置标明设施的使用方法或者注意事项的；

（四）未建立、健全公共文化体育设施的安全管理制度的；

（五）未将公共文化体育设施的名称、地址、服务项目等内容报文化行政主管部门、体育行政主管部门备案的。

第三十一条　公共文化体育设施管理单位，有下列行为之一的，由文化行政主管部门、体育行政主管部门依据各自职责责令限期改正，没收违法所得，违法所得5000元以上的，并处违法所得2倍以上5倍以下的罚款；没有违法所得或者违法所得5000元以下的，可以处1万元以下的罚款；对负有责任的主管人员和其他直接责任人员，依法给予行政处分：

（一）开展与公共文化体育设施功能、用途不相适应的服务活动的；

（二）违反本条例规定出租公共文化体育设施的。

第三十二条　公共文化体育设施管理单位及其工作人员违反本条例规定，挪用公共文化体育设施管理单位的各项收入或者有条件维护而不履行维护义务的，由文化行政主管部门、体育行政主管部门依据各自职责责令限期改正；对负有责任的主管人员和其他直接责任人员，依法给予行政处分；构成犯罪的，依法追究刑事责任。

第六章　附　　则

第三十三条　国家机关、学校等单位内部的文化体育设施向公众开放的，由国务院文化行政主管部门、体育行政主管部门会同有关部门依据本条例的原则另行制定管理办法。

第三十四条 本条例自2003年8月1日起施行。

博物馆条例

（2015年1月14日国务院第七十八次常务会议通过 2015年2月9日中华人民共和国国务院令第659号公布 自2015年3月20日起施行）

第一章 总 则

第一条 为了促进博物馆事业发展，发挥博物馆功能，满足公民精神文化需求，提高公民思想道德和科学文化素质，制定本条例。

第二条 本条例所称博物馆，是指以教育、研究和欣赏为目的，收藏、保护并向公众展示人类活动和自然环境的见证物，经登记管理机关依法登记的非营利组织。

博物馆包括国有博物馆和非国有博物馆。利用或者主要利用国有资产设立的博物馆为国有博物馆；利用或者主要利用非国有资产设立的博物馆为非国有博物馆。

国家在博物馆的设立条件、提供社会服务、规范管理、专业技术职称评定、财税扶持政策等方面，公平对待国有和非国有博物馆。

第三条 博物馆开展社会服务应当坚持为人民服务、为社会主义服务的方向和贴近实际、贴近生活、贴近群众的原则，丰富人民群众精神文化生活。

第四条 国家制定博物馆事业发展规划，完善博物馆体系。

国家鼓励企业、事业单位、社会团体和公民等社会力量依法设立博物馆。

第五条　国有博物馆的正常运行经费列入本级财政预算；非国有博物馆的举办者应当保障博物馆的正常运行经费。

国家鼓励设立公益性基金为博物馆提供经费，鼓励博物馆多渠道筹措资金促进自身发展。

第六条　博物馆依法享受税收优惠。

依法设立博物馆或者向博物馆提供捐赠的，按照国家有关规定享受税收优惠。

第七条　国家文物主管部门负责全国博物馆监督管理工作。国务院其他有关部门在各自职责范围内负责有关的博物馆管理工作。

县级以上地方人民政府文物主管部门负责本行政区域的博物馆监督管理工作。县级以上地方人民政府其他有关部门在各自职责范围内负责本行政区域内有关的博物馆管理工作。

第八条　博物馆行业组织应当依法制定行业自律规范，维护会员的合法权益，指导、监督会员的业务活动，促进博物馆事业健康发展。

第九条　对为博物馆事业作出突出贡献的组织或者个人，按照国家有关规定给予表彰、奖励。

第二章　博物馆的设立、变更与终止

第十条　设立博物馆，应当具备下列条件：

（一）固定的馆址以及符合国家规定的展室、藏品保管场所；

（二）相应数量的藏品以及必要的研究资料，并能够形成陈列展览体系；

（三）与其规模和功能相适应的专业技术人员；

（四）必要的办馆资金和稳定的运行经费来源；

（五）确保观众人身安全的设施、制度及应急预案。

博物馆馆舍建设应当坚持新建馆舍和改造现有建筑相结合，鼓励利用名人故居、工业遗产等作为博物馆馆舍。新建、改建馆舍应当提高藏品展陈和保管面积占总面积的比重。

第十一条 设立博物馆，应当制定章程。博物馆章程应当包括下列事项：

（一）博物馆名称、馆址；

（二）办馆宗旨及业务范围；

（三）组织管理制度，包括理事会或者其他形式决策机构的产生办法、人员构成、任期、议事规则等；

（四）藏品展示、保护、管理、处置的规则；

（五）资产管理和使用规则；

（六）章程修改程序；

（七）终止程序和终止后资产的处理；

（八）其他需要由章程规定的事项。

第十二条 国有博物馆的设立、变更、终止依照有关事业单位登记管理法律、行政法规的规定办理，并应当向馆址所在地省、自治区、直辖市人民政府文物主管部门备案。

第十三条 藏品属于古生物化石的博物馆，其设立、变更、终止应当遵守有关古生物化石保护法律、行政法规的规定，并向馆址所在地省、自治区、直辖市人民政府文物主管部门备案。

第十四条 设立藏品不属于古生物化石的非国有博物馆的，应当向馆址所在地省、自治区、直辖市人民政府文物主管部门备案，并提交下列材料：

（一）博物馆章程草案；

（二）馆舍所有权或者使用权证明，展室和藏品保管场所的环境条件符合藏品展示、保护、管理需要的论证材料；

（三）藏品目录、藏品概述及藏品合法来源说明；

（四）出资证明或者验资报告；

（五）专业技术人员和管理人员的基本情况；

（六）陈列展览方案。

第十五条　设立藏品不属于古生物化石的非国有博物馆的，应当到有关登记管理机关依法办理法人登记手续。

前款规定的非国有博物馆变更、终止的，应当到有关登记管理机关依法办理变更登记、注销登记，并向馆址所在地省、自治区、直辖市人民政府文物主管部门备案。

第十六条　省、自治区、直辖市人民政府文物主管部门应当及时公布本行政区域内已备案的博物馆名称、地址、联系方式、主要藏品等信息。

第三章　博物馆管理

第十七条　博物馆应当完善法人治理结构，建立健全有关组织管理制度。

第十八条　博物馆专业技术人员按照国家有关规定评定专业技术职称。

第十九条　博物馆依法管理和使用的资产，任何组织或者个人不得侵占。

博物馆不得从事文物等藏品的商业经营活动。博物馆从事其他商业经营活动，不得违反办馆宗旨，不得损害观众利益。博物馆从事其他商业经营活动的具体办法由国家文物主管部门制定。

第二十条 博物馆接受捐赠的，应当遵守有关法律、行政法规的规定。

博物馆可以依法以举办者或者捐赠者的姓名、名称命名博物馆的馆舍或者其他设施；非国有博物馆还可以依法以举办者或者捐赠者的姓名、名称作为博物馆馆名。

第二十一条 博物馆可以通过购买、接受捐赠、依法交换等法律、行政法规规定的方式取得藏品，不得取得来源不明或者来源不合法的藏品。

第二十二条 博物馆应当建立藏品账目及档案。藏品属于文物的，应当区分文物等级，单独设置文物档案，建立严格的管理制度，并报文物主管部门备案。

未依照前款规定建账、建档的藏品，不得交换或者出借。

第二十三条 博物馆法定代表人对藏品安全负责。

博物馆法定代表人、藏品管理人员离任前，应当办结藏品移交手续。

第二十四条 博物馆应当加强对藏品的安全管理，定期对保障藏品安全的设备、设施进行检查、维护，保证其正常运行。对珍贵藏品和易损藏品应当设立专库或者专用设备保存，并由专人负责保管。

第二十五条 博物馆藏品属于国有文物、非国有文物中的珍贵文物和国家规定禁止出境的其他文物的，不得出境，不得转让、出租、质押给外国人。

国有博物馆藏品属于文物的，不得赠与、出租或者出售给其他单位和个人。

第二十六条 博物馆终止的，应当依照有关非营利组织法律、行政法规的规定处理藏品；藏品属于国家禁止买卖的文物的，应当依照有关文物保护法律、行政法规的规定处理。

第二十七条 博物馆藏品属于文物或者古生物化石的，其取得、保护、管理、展示、处置、进出境等还应当分别遵守有关文物保护、古生物化石保护的法律、行政法规的规定。

第四章 博物馆社会服务

第二十八条 博物馆应当自取得登记证书之日起6个月内向公众开放。

第二十九条 博物馆应当向公众公告具体开放时间。在国家法定节假日和学校寒暑假期间，博物馆应当开放。

第三十条 博物馆举办陈列展览，应当遵守下列规定：

（一）主题和内容应当符合宪法所确定的基本原则和维护国家安全与民族团结、弘扬爱国主义、倡导科学精神、普及科学知识、传播优秀文化、培养良好风尚、促进社会和谐、推动社会文明进步的要求；

（二）与办馆宗旨相适应，突出藏品特色；

（三）运用适当的技术、材料、工艺和表现手法，达到形式与内容的和谐统一；

（四）展品以原件为主，使用复制品、仿制品应当明示；

（五）采用多种形式提供科学、准确、生动的文字说明和讲解服务；

（六）法律、行政法规的其他有关规定。

陈列展览的主题和内容不适宜未成年人的，博物馆不得接纳未成年人。

第三十一条 博物馆举办陈列展览的，应当在陈列展览开始之日10个工作日前，将陈列展览主题、展品说明、讲解词等向陈列展览举办地的文物主管部门或者其他有关部门备案。

各级人民政府文物主管部门和博物馆行业组织应当加强对博物馆陈列展览的指导和监督。

第三十二条 博物馆应当配备适当的专业人员，根据不同年龄段的未成年人接受能力进行讲解；学校寒暑假期间，具备条件的博物馆应当增设适合学生特点的陈列展览项目。

第三十三条 国家鼓励博物馆向公众免费开放。县级以上人民政府应当对向公众免费开放的博物馆给予必要的经费支持。

博物馆未实行免费开放的，其门票、收费的项目和标准按照国家有关规定执行，并在收费地点的醒目位置予以公布。

博物馆未实行免费开放的，应当对未成年人、成年学生、教师、老年人、残疾人和军人等实行免费或者其他优惠。博物馆实行优惠的项目和标准应当向公众公告。

第三十四条 博物馆应当根据自身特点、条件，运用现代信息技术，开展形式多样、生动活泼的社会教育和服务活动，参与社区文化建设和对外文化交流与合作。

国家鼓励博物馆挖掘藏品内涵，与文化创意、旅游等产业相结合，开发衍生产品，增强博物馆发展能力。

第三十五条 国务院教育行政部门应当会同国家文物主管部门，制定利用博物馆资源开展教育教学、社会实践活动的政策措施。

地方各级人民政府教育行政部门应当鼓励学校结合课程设置和教学计划，组织学生到博物馆开展学习实践活动。

博物馆应当对学校开展各类相关教育教学活动提供支持和帮助。

第三十六条 博物馆应当发挥藏品优势，开展相关专业领域的理论及应用研究，提高业务水平，促进专业人才的成长。

博物馆应当为高等学校、科研机构和专家学者等开展科学研究工作提供支持和帮助。

第三十七条 公众应当爱护博物馆展品、设施及环境，不得损坏博物馆的展品、设施。

第三十八条　博物馆行业组织可以根据博物馆的教育、服务及藏品保护、研究和展示水平，对博物馆进行评估。具体办法由国家文物主管部门会同其他有关部门制定。

第五章　法 律 责 任

第三十九条　博物馆取得来源不明或者来源不合法的藏品，或者陈列展览的主题、内容造成恶劣影响的，由省、自治区、直辖市人民政府文物主管部门或者有关登记管理机关按照职责分工，责令改正，有违法所得的，没收违法所得，并处违法所得 2 倍以上 5 倍以下罚款；没有违法所得的，处 5000 元以上 2 万元以下罚款；情节严重的，由登记管理机关撤销登记。

第四十条　博物馆从事文物藏品的商业经营活动的，由工商行政管理部门依照有关文物保护法律、行政法规的规定处罚。

博物馆从事非文物藏品的商业经营活动，或者从事其他商业经营活动违反办馆宗旨、损害观众利益的，由省、自治区、直辖市人民政府文物主管部门或者有关登记管理机关按照职责分工，责令改正，有违法所得的，没收违法所得，并处违法所得 2 倍以上 5 倍以下罚款；没有违法所得的，处 5000 元以上 2 万元以下罚款；情节严重的，由登记管理机关撤销登记。

第四十一条　博物馆自取得登记证书之日起 6 个月内未向公众开放，或者未依照本条例的规定实行免费或者其他优惠的，由省、自治区、直辖市人民政府文物主管部门责令改正；拒不改正的，由登记管理机关撤销登记。

第四十二条　博物馆违反有关价格法律、行政法规规定的，由馆址所在地县级以上地方人民政府价格主管部门依法给予处罚。

第四十三条 县级以上人民政府文物主管部门或者其他有关部门及其工作人员玩忽职守、滥用职权、徇私舞弊或者利用职务上的便利索取或者收受他人财物的，由本级人民政府或者上级机关责令改正，通报批评；对直接负责的主管人员和其他直接责任人员依法给予处分。

第四十四条 违反本条例规定，构成犯罪的，依法追究刑事责任。

第六章 附 则

第四十五条 本条例所称博物馆不包括以普及科学技术为目的的科普场馆。

第四十六条 中国人民解放军所属博物馆依照军队有关规定进行管理。

第四十七条 本条例自 2015 年 3 月 20 日起施行。

后　记

《中华人民共和国公共文化服务保障法》（以下简称公共文化服务保障法）已由第十二届全国人民代表大会常务委员会第二十五次会议于2016年12月25日通过，自2017年3月1日起施行。公共文化服务保障法是指导和规范公共文化服务体系建设的一部基础性、综合性法律。公共文化服务保障法的颁布实施，将为构建现代公共文化服务体系，保障人民群众基本文化权益提供有力的法律依据。

为了配合公共文化服务保障法的学习贯彻，帮助读者准确理解法律的立法宗旨、原则和各项具体条款，提高在工作中运用把握公共文化服务保障法的能力，全国人大教科文卫委员会、全国人大常委会法制工作委员会、文化部、新闻出版广电总局、国务院法制办组织参加法律起草工作的同志编写了《中华人民共和国公共文化服务保障法学习问答》，供大家学习参考。

本书由全国人大教科文卫委员会主任委员柳斌杰，文化部部长雒树刚，国务院法制办副主任袁曙宏担任主编；全国人大常委会法制工作委员会副主任许安标，文化部副部长杨志今，国家新闻出版广电总局副局长阎晓宏担任副主编；全国人大教科文卫委员会文化室主任朱兵，全国人大常委会法制工作委员会研究室主任梁鹰，国务院法制办教科文卫法制司司长王振江，文化部公共文化司司长张永新，国家新闻出版广电总局政策法制司司长余爱群，全国人大教科文卫委员会文化室副主任孙雷，国务院法制办教科文卫法制司副司长张耀明，文化部公共文化司副司长陈向红，国家新闻出版广电总局政策法制司副司长高思为编委会成员。李国新、杨永恒、冯守仁、贾旭东、巫志南、吕芳、金武刚等专家作为撰稿人起草了本书的主要内容。其中，李国新同志负责全书统筹，并负责导读和第一章的撰写工作；冯守仁、贾旭东、吕芳同志负责第二章的撰写工作；巫志南、金武刚同志负责第三章的撰写工作；杨永恒同志负责第四章的撰写工作；吕芳同志负责第五章和第六章的撰写工作。全国人大教科文卫委员会文化室、全国人大常委会法制工作委员会研究室、文化部公共文化司、新闻出版广电总局政策法制司、国务院法制办教科文卫法制司的有关同志对内容进行了审核。

本书力求对公共文化服务保障法有关问题作出准确、详尽、通俗的解答，但因时间和水平有限，难免有不妥和疏漏之处，敬请读者批评指正。

2017 年 3 月

图书在版编目（CIP）数据

中华人民共和国公共文化服务保障法学习问答／柳斌杰，雒树刚，袁曙宏主编．—北京：中国法制出版社，2017.5

ISBN 978－7－5093－8225－7

Ⅰ.①中…　Ⅱ.①柳…②雒…③袁…　Ⅲ.①公共管理－文化工作－法规－中国－问题解答　Ⅳ.①D922.165

中国版本图书馆 CIP 数据核字（2017）第 028824 号

策划编辑：谢　雯　　责任编辑：谢　雯　　封面设计：李　宁

中华人民共和国公共文化服务保障法学习问答

ZHONGHUARENMINGONGHEGUO GONGGONG WENHUA FUWU BAOZHANGFA XUEXI WENDA

主编/柳斌杰，雒树刚，袁曙宏

经销/新华书店

印刷/河北省三河市汇鑫印务有限公司

开本/880 毫米×1230 毫米　32 开　　印张/9.5　字数/175 千

版次/2017 年 5 月第 1 版　　2017 年 5 月第 1 次印刷

中国法制出版社出版

书号 ISBN 978－7－5093－8225－7　　定价：39.00 元

北京西单横二条 2 号　　值班电话：66026508

邮政编码 100031　　传真：66031119

网址：http：//www.zgfzs.com　　**编辑部电话：66010493**

市场营销部电话：66033393　　**邮购部电话：66033288**

（如有印装质量问题，请与本社编务印务管理部联系调换。电话：010－66032926）